영화가 나에게 하는 질문들

원은정 지음

영화가
나에게
하는 질문들

영화가 묻고
내가 답하는
영화 인문학
질문법

원은정 지음

COOPERATIVE
착한책가게

영화가 끝나는 순간,

마음이 차오르는 영화가 있습니다. 뜨거운 열정, 감동과 감격, 고
갈되었던 힘이 다시금 솟아오르고, '그래, 인생은 이런 거지.' 하는 희
망과 나에 대한 혹은 다른 사람에 대한 고마움, 다시 잘해보리라는 결
심이 생기는 영화.

밀물 같은 영화를 만난 것입니다. 새로운 물이 차오르는 느낌의 영
화를 만난 것입니다. 표정이 상기되고 눈빛에 생기가 돌면서 극장을
나섭니다. 그렇게 살아갈 힘을 얻기도 합니다.

마음속에 있던 묵은 감정들이 쑤욱 빠져나가는 영화가 있습니다.
일주일 내내 쌓였던 답답함, 삶의 무게, 하나도 아니고 둘도 아니고

신경 쓸 게 너무 많은 일상, 언제나 어려운 사람과의 관계, 끌려다니고 휩쓸려 다니는 나에 대한 한심함, 언제부터 쌓였을지 모를 온몸을 채우고 있는 감정들이 쑤욱 빠져나갑니다.

썰물 같은 영화를 만난 것입니다. 잊히고 가벼워지고 가뿐해집니다. 텅 빈 충만함을 느낍니다. 본래의 나로 돌아온 것 같기도 하고, 내가 그동안 뭐한 거지, 하며 두리번거림과 정신차림이 동시에 느껴지기도 합니다.

영화는 나에게 이랬습니다. 새로운 영감이 차오르기도 하고, 가둬두었던 것들이 빠져나가기도 합니다. 밀물 같은 영화가 있고 썰물 같은 영화가 있습니다. 그래서 가끔 어떤 영화들에 상처받아도(기대한 것과 다르게 영화 혼자 어디론가 가버리는 그런 영화를 보며) 어느새 영화로 돌아오곤 하며, 심지어 영화에 거는 기대의 크기도 그대로입니다. 이것이 바로 영화가 지닌 절대 매력인 것 같습니다.

중학교 1학년 때 갑자기(그런 예상을 해본 적이 없었으니 나에게는) 아버지가 돌아가셨죠. 오랜 세월 결핵을 앓으셨는데 그때까지도 나에게는 아버지가 아닌 '아빠'였던 시절이었습니다.

넋을 놓고 시내 병원 장례식장 한 쪽에 몸을 웅크리고 있는 나에게 사촌오빠가 물었습니다.

"은정아, 너 영화 좋아하니?"

나는 그때까지 극장에서 영화를 본 적이 없었고, 영화는 극장에서 하는 것인 줄만 알았습니다. TV에서 하는 건 명화(주말의 '명화')이거나 방화니까.

사촌오빠는 빤히 쳐다보던 나를 상복 입은 그대로 병원 근처 극장으로 데리고 갔습니다. 지금 생각해보면 어떻게 그런 생각을 했을까 싶은데, 아마 어른들끼리 나눌 얘기가 있었거나 소리 내서 울지 않는 나를 위로하고 싶었던 것이 아니었을까 싶습니다.

그때 본 영화가 장 클로드 반담의 〈더블 반담〉입니다. 극장에서 본 내 인생 첫 영화였지요. 장 클로드 반담이 쌍둥이로 나오는 영화였는데 나는 엄청 울었고 사촌오빠는 아무 말도 하지 않고 그저 곁에서 화면만 바라보고 있었습니다. 그 순간이 아마 이 생애에서 내가 영화와 이런 사이가 된 시작점이 아닐까 합니다.

우리는 저마다 영화와의 첫 만남이 있습니다. 극장이라는 로망을 처음 만나는 신비함, 부모님과 함께 본 큰 화면에 비친 사랑스러운 애니메이션 캐릭터들, 주인공이 날아다니면 나도 나는 것 같던 신나는 순간, 수많은 낯선 사람들과 같은 곳을 보며 같은 경험을 하는 순간들.

이 책과 함께하는 시간이 그동안 영화를 통해 만난 수많은 내 안의 물음과 내 안의 답을 떠올리는 시간이 되면 좋겠습니다. 그리고 그 시간을 누군가와 진실하게 나누고 싶을 때 이 책과 함께하시면 좋겠습니다.

영화 이야기가 아니라 삶의 이야기이자 우리의 이야기가 되었으면 좋겠다는 마음으로 이 책을 지었습니다. 우리의 삶과 고뇌가 영화에서 말하는 수많은 은유와 연결되어 있기에 영화에 기대어 우리 스스로의 삶을 여러 각도로 비춰보는 시간이 되기를 기대합니다.

'나'라는 영화에서 '나'라는 주인공에게 보내는 찬사를 사유하시길.

2017년 12월
원은정

CONTENTS

영화를 통해
인문학 발견하기

영화 인문학이란 무엇인가?

영화에 흔히 나오는 장면이 하나 있다. 그 누구도 대적할 수 없는
아주 강력한 악당이 나타나 우리 편(관객들 관점에서 이겼으면 하는 선
한 편)이 계속 지게 되면서 이길 수 있을 거란 희망이 꺾여가고 있을
즈음, 그 처참한 상황에서 우리의 주인공이 마지막 죽을힘을 다해 악
당을 물리치는 장면 말이다.

이때 절대 패배하지 않을 거라 생각했는데 결국 패배하고 만 악당
이 항상 묻는 질문이 있다. "후 아 유?(Who are you?)", "당신 도대체
누구야?", 바로 '너는 누구인가?'라는 질문이다. 이 질문을 받은 주인

공은 자신의 정체성과 존재성을 자각하면서 이렇게 말한다.

"나? 내가 누구냐고? 나 ○○○야!"

주인공이 이렇게 외치면 카메라가 주인공의 당당하고 반짝이는 눈빛을 줌 인 하는 장면이 이어진다. 바로 이 장면이 영화의 정체성, 즉 주인공의 정체성이 깨어나는 순간이라고 할 수 있다.

그렇다면 여기서 이런 물음을 한번 던져보자.

'주인공의 정체성을 일깨우는 존재인 악당은 과연 적인가, 친구인가?'

주인공을 처참한 상황으로 몰아넣지만 마침내 주인공 스스로 무한한 힘과 정체성을 자각하게 해주고 너 자신이 누구인지 물어봐주는 악당. 만약 악당이 없었다면 그 주인공은 자신의 진정한 힘과 존재를 알아차릴 기회를 만날 수 있었을까? 만약 악당이 없었다면 관객들 모두가 자기 편이 되는 주인공으로 당당하게 자리매김할 수 있었을까?

내가 누구인지를 알도록 돕는 그 누군가는 내 삶에서 적일까, 친구일까? 이는 삶에서 일어나는 고난과 좌절이 배척해야 할 대상인가, 친구로 맞이할 대상인가의 문제로 연결될 수 있다.

삶에서 만나게 되는 고난과 좌절은 자신이 누구인지 묻도록 해준다. 고난과 좌절 속에서 무너져내릴 때 우리는 나 자신을 향한 질문과 만난다. 나는 어느 정도의 사람인지, 괜찮은지, 이렇게 힘겨워하는 나는 누구인지, 나는 어떻게 살고 싶은지.

그렇다면 악당으로 은유되는 고난과 좌절은 나의 적일까, 친구일까? 여러분은 뭐라고 답하고 싶은가? 분명 고난과 좌절은 그 자체만으로도 힘겹고 고통스럽고 나의 가치관과 정체성을 흔들어버린다. 그런데 우리는 알고 있다. 고난과 좌절을 통해 내가 누구인지, 내가 왜 사는지, 내가 살고 싶은 삶이 무엇인지 되묻는 기회를 만난다는 것을.

영화에서 주인공은 절대 이길 수 없을 것 같은 악당을 만나 고군분투 끝에 이겨내는 과정에서 자신이 누구인지를 선명하게 알아간다. 그리고 이러한 것들은 관객들에게 은유적인 질문이 되어 건네진다. 당신에게 일어나는 악당과 같은 고난과 좌절을 어떻게 해석할 것인가?

이와 같은 삶의 은유를 발견하고 나만의 의미로 통찰하는 것이 철학이자 인문학이라고 할 수 있다. 이런 것이 영화 장면을 통해 질문을 만나가는 과정, 영화 인문학의 핵심이다.

인문학은 말 그대로 인간에 대한 학문이다. 그렇다면 인문학을 가장 잘하는 방법은 인간을 연구하는 것인데, 이런 가정을 해보자.

어떤 사람을 데려다가 관찰하고 기록하고 살펴보고 행동하는 모든 과정을 지켜보는 방법이 있을 것이다. 이만큼 제대로 된 연구가 어디 있겠는가? 그렇지만 다른 '사람'을 데려다가 연구한다는 것 자체가 가능하지 않고 관찰하고 살펴본다고 해서 그 사람을 다 연구했다고 보기도 어려울 것이며 일정 기간을 연구한다고 해서 그 사람을 제대로 파악했다고 보기도 어려울 것이다. 또한 한 사람을 연구했다고 해서 모든 사람을 안다고 확신하기도 어렵다.

그런데 사실 사람을 연구하는 방법은 간단하다. 가장 가까이 있고, 항상 붙어 있으며, 가장 들여다보기 쉬운 사람. 우리 모두에게는 이 사람이 있다. 바로 나.

인문학을 제대로 하는 가장 빠른 방법은 나를 아는 것이다. 물론 '나'라는 연구대상을 만났다고는 하지만 그 연구과정은 결코 쉽지 않을 것이다. 생애 전체에 걸쳐, 모든 상황에, 생각과 감정을 하나도 빠짐없이 전부 들여다보는 일은 엄청난 작업일 테니까.

인문학이란 '각도를 달리해서 보는 것'

오늘날 인문학이 대두되고 있는 까닭에 대해 여러 측면에서 이야기한다. 시대적 이유, 사회적 이유, 인간 내면을 더 알고자 하는 욕구 혹은 유행 등. 이 여러 측면을 모두 관통하는 가장 주된 이유는 인간 스스로 본질을 찾아가는 것을 추구하기 때문이라는 것이다. '나는 누구인가?'라는 내면 성찰이 중요하게 인식되고 있다는 말이다. 그렇다면 '인문학은 무엇이다'라고 한마디로 정의할 수 있을까? 다음 질문을 한번 떠올려보자.

"나는 누구인가?"

인문학에서 실로 아주 중요한 질문이며, 아주 유명한 질문이자, 많은 사람들이 '많이' 만나는 질문이다. 수많은 질문과 명제들이 이 질문을 중심으로 나열된다.

인문학은 '나는 누구인가?'라는 문을 열고 들어가서 '나는 누구인가?'라는 문을 열고 나오는 것이다. 내가 누구인지를 알기 위해서 '나는 누구인가?' 문을 열고 들어갔으면 '나는 누구이구나.' 문을 열고 나와야 하는데 나오는 문이 '나는 누구인가?'라는 것이다. 그만큼 '나는 누구인가?'라는 물음은 전 생애에 걸쳐 묻고 또 묻는 물음이다. 아니, '나는 누구인가?'를 물어가는 과정이 인생이라고 해도 좋을 것이다.

인문학을 또다른 측면에서 정의해보자면 '각도를 달리해서 보는 것'이라고 할 수 있다. 같은 사물과 사람과 사건을 한 각도로만 보는 것이 아니라 여러 각도로 보는 것이다. 그것을 '나'로 예를 들자면, 내가 슬플 때는 어떤 반응을 하고, 기쁠 때는 누구와 나누고 싶으며, 나의 원망은 늘 어느 방향으로 향하는지, 연민을 어떻게 받아들이고 있는지 등 나에게 일어나는 무수한 외부 자극과 내부 움직임을 여러 각도로 들여다보는 것을 말한다. 이 작업을 영화에 기대어 해보면 좀 더 쉽게 나에 대해서 드러내고 마음을 털어놓을 수 있지 않을까 하는 생각을 하게 되었다. 영화의 장면들은 인생 전반에 걸쳐, 그리고 사람들 간에 일어나는 일들을 직유와 은유로 보여준다. 그 장면들에 기대어 내 이야기를 해보고, 내가 어디에 시선이 닿는지 들여다보고, 영화에서 말하는 메시지와 내가 느끼는 메시지가 어떻게 연결되는지 살펴보자. 그리고 영화를 통해 나에게 던져지는 질문들을 가지고 나의 감정과 일상을 돌아볼 여유를 가져보기 바란다.

영화에서 말하고자 하는 메시지를 '나'는 어떻게 해석하는지 들여다보고 살펴보고 질문해보고까지 하지 않아도 괜찮다. 그저 그 영화에서 '나'에게 인상 깊은 장면과 대사는 무엇인지 떠올려보기만 해도 충분하다. 우리가 살아가면서 어느 한 장면을 보고 내가 어떻게 느끼는지를 아는 것만으로도 나에게 '말을 걸고' 있는 것이니까. 영화에 나오는 인물들 중에서 내가 특별히 감정이입되는 인물이 누구인지, 특히 어느 장면에서 나는 불같이 화가 나는지, 나는 왜 그 인물이 그렇게 짠하고 연민이 느껴지는지, 정말 힘들어서 외면하고 싶었던 장면은 무엇이었는지 등 영화를 보고 나에게 와 닿는 것들만 나열해도 '지금의 나'와 조우할 수 있다.

영화 인문학으로 많은 사람들을 만나면서 매번 신기하게 느끼는 점은 세대에 따라, 분위기에 따라, 질문에 따라 대답이 많이 달라진다는 것이다. 아이들은 아이들대로, 어른들은 어른들대로 그들만의 이유로 자신들만의 답변이 있다.

그 답변에 "왜?"라는 질문이 더해질 때 스스로가 붙이는 그 이유 속에서 '내가 이랬구나.' 하는 걸 발견하기도 한다. 만약 "요즘 마음이 어때요?"라고 물었다면 바로 내어놓지 않았을(혹은 못 했거나 머뭇거

렸을) 대답을 "영화의 어떤 부분이 와 닿았나요?"라고 물으면 툭 내어놓는다. 이것이 영화의 힘이라는 생각을 많이 하게 된다.

영화 인문학을 통해 초등학생에서 청소년, 청년, 중장년의 어른들, 할머니 할아버지들까지 만나다 보니 그들의 이야기에서 고민과 아픔과 성찰을 만나는 순간들이 있다. 그리고 그 순간들은 나와 연결되어 감정이입과 더 깊이 있는 이해를 불러일으킨다. 그래서 영화 인문학 강의를 하면 할수록 '인간'을 향한 애정이 깊어지는 것을 느낀다.

한 초등학교 5학년 친구들과 〈빅 히어로〉라는 영화로 '영웅이란 어떤 사람인가?'에 대한 이야기를 나눈 적이 있다. 영화 〈빅 히어로〉는 베어맥스라는 둥글둥글한 건강 지킴이 로봇과 한 아이가 친구들과 함께 도시를 구해내는 이야기다.

영화에서 아이들이 알 수 없는 악당에게 쫓기는 장면이 있다. 차를 타고 도망을 가는데 언제 악당이 덮칠지 모르는 그런 상황에서 차를 운전하던 한 친구가 도로에서 차를 멈춘다. 친구들이 당황해서 "왜 안 가는 거야?"라고 다그치자, "빨간불이잖아."라고 한다.

나는 이 장면이 그저 재미있는 유머 요소에 지나지 않는다고 생각하고 대수롭지 않게 넘겼는데 아이들은 가장 와 닿는 장면이라고 말하는 것이다. 왜 그런지 이유를 물어보니 이렇게 이야기한다.

"목숨이 위험할지 모르는 상황에서도 규칙을 지키는 모습이 마치 우리들 모습을 보는 것 같아요."

그 말에 뭐라고 말을 건네야 할지 얼른 답을 찾지 못하고 "그래, 그랬구나."만 되풀이했다. 내가 무심코 넘겨버린 장면을 아이들은 가장 인상 깊은 장면으로 꼽았고 그 이유를 자기 자신과 연결해서 심도 있게 이야기한 것이다.

영화 인문학에서 영화는 물어봐주는 역할을 한다. 영화를 들여다보기 위해서 영화를 나누는 것이 아니라 '나'를 들여다보기 위해서 영화를 나눈다. 영화 이야기를 하려고 인상 깊은 장면을 이야기하는 것이 아니라, '나'의 이야기를 하려고 인상 깊은 장면에 대해 이야기 나누는 것이다.

그래서 한 영화를 기가 막히게 분석하고 완벽하게 이해하고 정확한 리뷰를 쓰는 것보다 더 중요한 것은 영화를 통해 '나'에게 말을 건네는 것이다. 세상에는 많은 경로와 도구가 있는데 그중 영화라는 도구를 통해 나에게 물어보고 나를 연구해보고 나와 친해지는 것이 영화 인문학의 핵심이다.

위인전에서 영화로, "우리 모두는 특별하다"

우리 세대(여기 '우리'라는 범위에 많은 사람들이 속하기를 바라며, 나를 기준으로 위아래로 10~20년 정도로 설정을 해본다)에는 위인전이 아주 중요한 세대였다. 위인전을 많이 읽으라는 말을 수도 없이 들었고, 위인전을 읽고 본받을 점을 쓰고 독후감 발표도 많이 했다. 모든 책 중에서 위인전이 가장 중요한 책인 것처럼 강조되었다. 그런데 요즘 아이들에게 위인전은 우리(위에서 말한 우리) 때만큼 강조되지 않는 것 같다. 이것은 개인적으로 환영할 만한 점이기도 한데 시대의 변화가 분명 반영되었을 것이다. 위인의 훌륭한 점을 본받는 것이 교육상 의미는 있지만 특정한 길만 올바른 길인 것처럼 전달될 수도 있고, 개인의 생각이나 감정을 제대로 받아들이기보다 교훈에 매몰될 수 있기 때문이다.

그래서 위인전과 영화를 놓고 시대 철학의 변화를 잠시 이야기하고자 한다. 위인전을 보고 가졌던 꿈과 희망 그리고 배울 점 등이 어떻게 보면 영화로 대체되고 있다고 볼 수 있는데 이렇게 변화된 이유로 세 가지를 들 수 있다.

첫째, '훌륭한 사람은 특별하다'에서 '우리 모두는 특별하다'로.

보통 위인전에 등장하는 위인들의 삶은 매우 특별하다. 어릴 적부터 범상치 않고, 아니 태어날 때부터 범상치 않은 경우도 많다. 태어날 때 하늘에서 묻기도 하고, 다섯 살 때부터 글자를 저절로 알기도 하며, 모든 것에 호기심을 가지고 알을 품는 등의 행동을 한다. 어려운 사람들을 돕고 싶어서 자신의 옷과 신발을 벗어주기도 하고, 효심이 지극하기도 하다. 위인들은 이렇듯 특별하다. 훌륭한 사람은 아무나 되는 것이 아니라 특별한 사람들만 되는 것 같다. 그래서 나 역시 훌륭한 사람이 되려면 특별해져야 하는 거다. 그런데 시대는 다시 이렇게 말하고 있다. 태어날 때 하늘에서 묻지 않아도, 배우지 않고 저절로 글자를 알지 않아도, 알을 품지 않아도 우리 모두는 특별하다고.

여기에서 '특별'은 보통과 구별되게 다르다는 것을 의미하는 것이 아니라, 그냥 '특별' 그 자체인 것이다. 비교 대상이나 반대적인 의미가 없는 특별과 특별이 모여서 이루어진 모두가 특별하다는 의미라고 할 수 있다.

예전 영화의 주인공들은 특별한 사람의 특별한 모습을 보여주는 경우가 많았다. 영웅은 누구나 될 수 있는 것이 아니라 특별한 사람, 선택받은 사람만이 될 수 있었다. 그런데 차츰 다양한 주인공이 등장하고 있다. 마치 '나 같은' 주인공들이 이 세상을 만들어나가고 사람들과 깊게 소통하며 자신의 삶을 찾아가는 모습을 보여준다. 누구라도, 아니 누구나 영화의 주인공이 될 수 있다. 우리가 우리 삶에서 주인공인 것처럼 말이다. 그래서 이제 영화를 보고 우리는 이렇게 생각한다. 내 얘기도 특별하구나, 나도 특별한 사람이구나, 나도 주인공이 될 수 있겠구나, 라고.

둘째, '훌륭한 사람을 본받고 싶다'에서 '내 안의 잠재력을 발견하고 싶다'로.

시대 인식이 이렇게 바뀐 지는 이미 오래되었다. 예전에는 훌륭한 사람이 지닌 마음가짐과 행함 그리고 특성을 본받고 싶어 했다면 지금은 그 시선의 방향이 '나'에게로 향하고 있다. 위인들처럼 혹은 꼭 위인이 아니더라도 어떠한 특별한 사람들처럼 내 안의 잠재력을 발견하고 싶어 하고 그럴 수 있다는 열망을 갖는다. 여기에서 잠재력이란 나에게 힘이 있다는 믿음을 전제로 한다. '있을지도 몰라'라는 기대나 추정이 아니라 반드시 있다는 믿음에서 시작하는 것이다. 그래서 훌륭한 사람들의 모습을 본받기 위해서 노력하기보다는 내 안에 있는 잠재력을 발견하기 위해 나 자신에 대해 연구하는 데 초점을 둔다. 어쩌면 내 안에 위인들처럼 훌륭한 점이 없다 하더라도 나만의 뭔가가 있을 것이라는, 나를 향한 애정과 희망이 핵심이라고 할 수 있다.

셋째, '사람을 믿는다'에서 '스토리를 믿는다'로.

훌륭한 사람은 모든 것이 훌륭하다. 아니 훌륭해야 한다. 태도, 말, 공부, 친구, 생각 등 작은 일화 속에 드러나는 모든 모습이 완벽 그 자체다. 그렇다 보니 어떤 훌륭한 사람을 만나면 그 사람이 하는 모든 말을 신뢰하게 된다. 왜냐하면 그 사람은 훌륭한 사람이니까.

그런데 우리는 많은 경험을 하면서 꼭 그렇지만은 않다는 걸 알게 된다. 멋있고 훌륭하다고 여겨지는 사람에게서 실망감과 당혹스러움을 경험한 적이 많을 것이다. 그토록 존경했는데 알고 보니 허구인 경우도 많고, 역사 기록이 한쪽으로 치우쳐서 다른 측면에서 보면 전혀 다른 점이 드러나기도 하고, 멋진 말에 멘토로 삼았다가 실생활에서는 전혀 다른 모습을 보여서 배신감이 들기도 한다.

이것은 비단 위인전에 나오는 위인들의 이야기가 아니라 우리가 살아가면서 만나는 사람들에 대한 이야기이기도 하면서 실은 나의 이야기이기도 할 것이다.

그래서 사람들은 이제 어떤 일을 해낸 그 사람 자체가 아니라 '이야기'로 눈길을 돌리고 있다. 어떤 이야기, 사례, 사건 속에서 발견되는 사유를 만나려고 한다. 그리고 그 이야기에서 특정한 누구만의 이야기가 아니라 나의 이야기가 될 수도 있다는 가까움을 발견한다. 저런 감동적인 스토리가 나에게도 있었는데, 나에게도 일어날 수 있을 텐데 하는 가까움이 사람 자체보다 이야기로 눈길을 돌리게 하는 것이다.

물론 위인전에 나오는 위인들이 주는 가르침과 삶의 발견들이 있다. 위인들 역시 한 시대의 사람으로 살았고 역사 속에서 지금의 역사를 만들어준 존경받아 마땅한 분들이니까. 그런 의미에서 오히려 위인이라는 사람 자체에만 시선을 두지 않고 한 시대를, 그리고 한 인생을 살아갈 나에게 몰입을 해보는 것도 의미가 있다. 위인 같은 삶이 아니라 '나' 같은 사람의 이야기에 귀를 기울여보는 것이다. 지금 시대에는 많은 이들이 다양한 사람들과 사건들을 통해 자신을 성찰해가는 것을 추구한다. 그리고 그런 면에서 영화는 대단하거나 대단하지 않은 많은 사람과 사건을 제공해주는 역할을 한다.

영화 인문학에서 대중영화를 많이 다루는 이유

영화 인문학 강의에서 영화를 선정할 때 많은 고민을 하게 된다. 봤던 영화 중에서 감명 깊었던 영화를 선정하기도 하고, 누군가가 추천해준 영화를 선정하기도 하고, 많은 사람들이 좋아하는 영화를 선정하기도 한다. 영화 인문학 강의 대상이 청소년일 경우 영화 선정이 더 고민스러운데, '영화'라는 단어가 주는 흥미로움이 '인문학'으로 무거워질 수 있기 때문이다.

영화 인문학 강의 초기에 나 혼자만의 열망으로 영화를 선정해서 아이들과 수업을 한 적이 있다. 그 영화들은 내가 개인적으로 아주 좋아하는 영화들인 〈포레스트 검프〉, 〈죽은 시인의 사회〉, 〈모던 타임즈〉 등이었는데, 나의 열망이 채 전해지기도 전에 아이들이 이 영화를 모른다는 것에 큰 충격을 받았다. 아니 어떻게 톰 행크스와 로빈 윌리엄스를 모를 수가 있지? 그런데 가만히 생각해보면 우리가 그 윗세대 배우들을 모르듯이 당연한 일이었고 그렇다 보니 관심을 불러일으키기 위해 배우에 대한 설명부터 시작해야 했다.

이런 과정을 여러 번 거치면서 애니메이션과 영웅물 시리즈에 눈을 돌리기 시작했다. 강의 때 영화를 새로이 볼 수도 없거니와 영화에서 발견하는 질문을 토론하는 것이 목표인데 영화 내용을 설명하느라 많은 시간을 보낼 수는 없으니 말이다. 사람들이 가장 많이 보는 영화가 무엇일까, 그리고 아이들은 어떤 영화를 가장 좋아할까,

라는 고민 끝에 얻은 결론이 애니메이션과 마블 영웅물 시리즈였다. 많은 사람들이 봤을 법한 영화, 보지 않았더라도 내용을 일부 들어봤을 법한 영화 그리고 애니메이션과 마블 영웅물뿐만 아니라 대중적으로 사랑받는 영화를 통해 인문학이 먼 것이 아니라 가까운 것임을 전하고 싶었다. 그리고 개인적으로 꿈꾸는 것이 일상의 인문학이라, 어느 날 큰 맘 먹고 자신의 내면을 들여다보는 식이 아니라 일상에서 접할 수 있는 것들에서 사색과 사유를 만나기를 기대하는 마음이 가장 컸다.

그렇게 해서 애니메이션과 대중영화를 공부하면서 어떤 영화들에서도 질문을 발견할 수 있다는 것이 반갑고 기뻤다. 무언가 심오한 질문이 주어져서 그것을 생각해보는 것도 중요하지만 사소한 것에서 작은 키워드를 발견하는 것도 의미가 있다는 것에 이르게 된 것이다.

영화는 이미 우리 생활에 굳건하게 자리 잡은 문화라는 기호, 소통 통로다. 자의로, 타의로, 선택 또는 우연으로 많이 접하게 된다. 그 접하는 지점에서 자신을 만나는 또 하나의 통로가 되기를 기대하는 마음으로 영화들을 선정하였다.

그리고 그 영화들이 이야기하고자 하는 내용들을 감독의 입장이 아닌 대중의 입장에서 접근하려고 했다. 많은 감독들이 영화의 내용과 의도는 이런 것이다, 라고 밝히지 않는다고 한다. 영화의 결말을 두고 논란이 일 때 "결말 이건데."라고 말하지 않는다는 것이다. 왜냐하면 영화를 만든 것은 감독이지만 영화를 보고 해석하고 가져가는 것은 관객의 몫이기 때문이다.

이 책에서 선정한 영화와 질문들 역시 나라는 한 사람의 관객이 느끼고 전해 받은 것을 바탕으로 구성한 것이다. 또한 강의에서 많은 사람들과 이야기를 나누면서 모은 것들이다. 그래서 이 질문들에 마음이 동화되어 스스로 느끼고 답하는 데 몰입하면 좋겠다는 바람을 가져본다.

영화가 보여주는 시각이 아니라 내가 보는 시각이 중요하다. 내가 보는 영화가 바로 그 영화인 것이다. 영화를 볼 때 그 영화에 좀 더 가깝게 다가갈 수 있는 방법을 소개해보겠다.

하나, 나에게 인상 깊은 장면이나 대사 생각해보기 혹은 기록하기

둘, 내가 감독이라면 영화를 만든 의도가 무엇일지 생각해보기

셋, 모든 장면에는 이유가 있다. 왜 저 장면을 군이 길게 그리고 줌 화면으로 보여줬을지 생각해보기

넷, 영화 제목이 왜 그것인지 생각해보기

다섯, 가장 좋은 방법은 영화를 즐기는 것

영화를 볼 때 어떤 메시지를 발견할 것인가보다 중요한 것은 그 메시지를 가지고 어떻게 질문하고 나에게 적용할 것인가이다. 영화를 통해, 영화의 장면들을 통해 나를 어느 길로 이어지는 통로로 안내해가는 질문들을 만나게 되기를 기대한다.

영화 인문학의 핵심은 '나의 해석'이다.

많은 감독들이 "결말의 해석은 관객들에게 맡긴다."라고 하는 것을 두고 흔히 '열린 결말'이라고 하는데 결말이 열려 있다는 것은 그 문을 통해 어떤 해석도 들어갈 수 있다는 말이 된다.

생각해보면 이건 굉장히 아이러니한 일이다. 그 영화는 감독이 만들었기 때문에 감독만의 결말이 있고 의도가 있을 것이다. 그 영화를 놓고 보면 감독은 그 영화의 창조주이기 때문이다.

창조주가 주인공과 각 인물들 그리고 환경과 관계 그리고 사건과 대사까지 모든 것을 만들어냈다. 창조주는 주인공이 어디에서 시작해서 어디로 도착할지 아는 사람이다. 왜냐하면 창조주는 자신이 창조한 세계에 대해서 늘 전지전능하니까. 그런데 해석을 관객들에게 맡기겠다고 한다. 이는 비단 결말에만 해당하는 말이 아니다. 주인공의 의도, 영화가 전하고자 하는 메시지, 장면의 이유, 갈등을 바라보는 시각, 하필 그러한 환경인 이유, 과정이 의미하는 것 등 모든 것을 관객들에게 맡긴다. 그러면서 이렇게 말하고 있는 것이다. "이 영화는 나의 영화가 아니라 관객의 영화다."

'해석을 맡긴다'라는 의미는 나는 해석을 할 수 없으니 '기가 막힌' 해석을 해서 나에게 알려다오, 라는 의미가 아니라 이 영화를 자기만의 해석으로 가지라는 뜻이다. 결국 이 말은 자신이 하는 해석이 이 영화를 갖는 방법이 된다는 것이다.

같은 영화지만 해석이 다르면 영화를 가져가는 방법이 다르다. 어떤 사람은 한 영화를 동기부여로 가져갈 수도 있고, 어떤 사람은 같은 영화를 다른 사람과 갈등을 풀 열쇠로 가져갈 수도 있다. 어떻게 가져가던 그 해석은 그 사람이 갖는 것이다. 그래서 영화의 해석은 설득하거나 강요할 수 없고 비난하거나 뺏을 수 없다.

영화 인문학 전문가 과정을 진행하다 보면, 그 영화가 의미하는 것이 무엇인지 '정확하게' 설명해달라는 요청을 받을 때가 있다. 혹은 영화 인문학 전문 강사들이 청소년들을 만나러 갈 때 이 영화가 의미하는 것을 어떻게 '분명하게' 설명해야 하는지를 조바심 내며 물어오는 경우가 있다. 정확하고 분명한 것 또한 힘이 있겠지만 영화 인문학 강의의 핵심은 정확하고 분명하기보다 막연하고 모호하다는 데 있다. 정확하고 분명한 것은 자신이 '갖고' 싶은 질문이 무엇인가를 생각해볼 '시간'을 주는 것밖에는 없다. 자신의 질문과 자신의 해석을 갖게 하는 것, 이것이 영화 인문학에서 주요한 점이다.

전달하고자 하는 영화를 더 파악하고자 다른 사람들의 해석을 수집하고 재해석하는 것은 적극 추천하지만 다른 사람의 해석이 더 정답인 것 같아서 나의 해석을 그 앞에서 내려두지 않기를 진심으로 바란다. 특히나 영화 인문학으로 수업과 강의를 하고자 한다면 그 영화를 보고 나에게 오는 것들에 집중해보기를 바란다. 영화를 보는 나의 감정, 나의 생각, 나의 비판, 나의 당혹스러움, 나의 감각, 나의 해석들을 살펴보기를 바란다. 그것이 내가 그 영화의 해석을 갖는 '신호'가 될 것이다. 한 영화를 가지고 열 명이 영화 인문학을 한다면 열 개의 영화 인문학이 탄생할 것이다. 특히 평론가가 써놓은 영화의 해석에 매달리지 않으면 좋겠다. 철학 역시 한 개인의 생각이듯 평론 역시 한 개인의 생각이다. 거기에 동참하지 않는다고 해서 내가 영화를 '잘못' 이해하고 있는 것은 아니다.

앞에서 감독을 영화의 창조주라고 표현했는데 이참에 세계의 크기를 한번 더 키워보자. 영화의 장면들이 감정이입을 쉽게 이끌어내는 이유는 삶과 '매우' 닮아 있어서다. 나의 성격과 주인공의 성격이 닮아 있기도 하고 악당의 아픔과 나의 아픔이 닮아 있기도 하다. 사건과 갈등들은 이미 많이 겪어봤거나 주변에서 봤거나 겪을 수도 있다고 생각되는 것들이다. 이처럼 영화는 삶과 닮아 있다. 게다가 무엇보다 그런 생각은 나도 해봤음직한 생각이거나, 어떤 사건을 통해 교훈을 얻은 적이 있거나, 누군가의 의도를 누구보다 빠르게 간파하는 눈치가 있는 등 가만히 생각해보면 나도 창조주로서 손색이 없다.

감독이 한 영화의 창조주라고 한다면 나는 내 인생의 창조주라고 할 수 있다. 나라는 존재를 물리적으로 만들어내는 창조주는 아니지만 나의 생각과 마음을 만들어가는 창조주라고 할 수 있다. 나에게 일어나는 생각지도 못한 사건을 만들어내는 창조주는 아니지만 그 사건 안에서 무엇을 발견할지를 만들어가는 창조주다.

'세상'을 보는 관점,

'사람'을 보는 관점,

'나'를 보는 관점,

'지금'을 보는 관점.

이렇게 어떤 시각과 관점을 가지고 살아갈 것인가를 창조하는 창조주인 것이다.

감독의 '세계관'이라는 말을 흔히 하는데, 그것은 영화가 만들어지는 아주 중요한 요소 중 하나다. 사건과 인물을 어떻게 연결하여 어떤 일로 이어갈 것인가를 결정하는 아주 중요한 요소가 된다. 그리고 그것이 영화에서 전하고자 하는 메시지로 드러나게 되는데 나 역시 나의 인생을 어떻게 만들어갈지 나만의 세계관이 필요하다. 다른 사람들이 만들어놓은 것이 정답처럼 느껴질 때도 있겠지만 결국 그 세계관을 가지고 나의 생애를 살아가야 할 사람은 나이기 때문이다.

어떤 영화를 보고 어떻게 해석할 것인가가 나의 몫인 것처럼 나의 인생을 어떻게 해석할까 하는 것 또한 고스란히 나의 몫이며 그 해석이 어떻든 상관없이 나는 그 인생을 살아갈 것이다.

삶에서의 크고 작은 직유와 은유를 나만의 언어로 해석하고 그것을 나의 관점으로 삼아 나의 세상을 만들어가는 것, 이것이 삶을 풍요롭게 살아가는 힘이 될 것이다.

01

〰〰〰〰〰〰〰〰〰〰〰〰〰〰〰〰〰〰〰〰

"팬더를 용의 전사로 만든 것은
무엇이었을까?"

〰〰〰〰〰〰〰〰〰〰〰〰〰〰〰〰〰〰〰〰

"집안 대대로 내려온 특별한 국물 맛의 비법을 알려주마.
특별한 국물 맛의 비법은 없어. 그런 건 없어.
그냥 특별하다고 믿으면 특별해지는 거야."

만약 여러분이 쿵후라는 주제로 영화를 만드는 감독이라면 어떤 이미지를 가진 배우를 주인공으로 캐스팅하겠는가? 쿵후랑 이미지가 잘 어울리는 배우로는 누가 있을까?

머릿속에 떠오르는 배우들이 있다면 자, 이제 여길 보라. 성룡, 이연결 등과 어깨를 나란히 하는 쿵후 영화계의 대표 주인공, 그 이름도 유명한 팬더. 그것도 그냥 팬더가 아니라 쿵푸팬더다.

여러분이라면 쿵후 영화에 팬더를 주인공으로 캐스팅할 수 있겠는가?

왜 팬더가 주인공일까?

이 영화 〈쿵푸팬더〉를 만났을 때 가장 상상력이 돋보이고 재미있다고 느낀 부분이 바로 주인공이었다. 쿵후 영화에 팬더가 주인공이라는 것. 그렇다면 왜 팬더가 주인공일까?

영화 인문학 강의를 하면서 쿵후와 잘 어울리는 동물이 무엇일지 물어보면 호랑이, 표범, 원숭이 등의 답이 많이 나온다. 동물이 주인공으로 나오는 영화는 대부분 어떤 유형의 사람들을 표현하기 위해 동물을 활용한다. 사람을 주인공으로 할 때보다 확실하게 '다름'을 표현할 수 있기 때문이다. 그럼 팬더가 '어떤 사람'을 표현하기 위해 주인공으로 내세워진 거라면 과연 어떤 사람을 표현하고 싶었던 것일까?

여기에서 애니메이션 제작 · 배급사인 드림웍스의 특성을 잠깐 짚고 넘어가야겠다. 드림웍스 애니메이션 사는 변두리 인물, 다시 말해 지위가 낮거나 못나게 저평가된 존재를 주인공으로 내세우며, 예전부터 대대로 내려오는 그림형제 방식의 동화 이야기를 따르지 않는다는 특징을 지니고 있다. 이런 특징이 이 영화에도 반영된 것으로 보인다.(드림웍스의 이런 특성이 잘 드러난 영화가 〈슈렉〉인데, 보통 괴물을 주인공으로 내세울 때 괴물도 알고 보면 착하다는 이야기 형태를 띠는데, 슈렉은 진짜 성격이 못됐고, 진흙으로 목욕을 하며, 더럽고, 자기 혼자만 챙기며 살아가는 모습을 보인다.)

이 영화의 주인공 팬더는 쿵후를 하기에는 조금 힘들겠다 싶은 신체구조와 기질을 지녔다. 몸이 비대하고 배가 많이 나와서 날렵하지 못하고, 팔과 다리가 짧아서 손 기술과 발 기술을 사용하기에 적합하지 않을 것만 같다. 또한 부지런하고 영특하고 감각적이라기보다는 한없이 느리고 순박하며 투박한 이미지다.

사실 쿵후를 하기에 타고난 주인공보다 이런 주인공이 보여줄 수 있는 것이 훨씬 더 많다. 이야깃거리를 많이 가지고 있는 것이다. 그래서 주인공 팬더가 용의 전사가 되는 과정도 정도의 수순을 밟는 것이 아니라, 마치 우연처럼 용의 전사가 되고 그 다음에 진정한 용의 전사가 되며, 이 부분이 영화에서 주를 이룬다. 주인공 팬더는 단지 쿵후를 좋아하는 강한 팬심을 가지고 있는데 그 팬심은 자신이 쿵후 전사가 되고 싶은 열망에서 나온다. 다만 자신이 쿵후 전사가 될 거라는 기대를 하지 않지만 동경심이 강해서 용의 전사를 뽑는 자리에 꼭 구경을 가려고 온 힘을 다하는 것이다.

이 영화는 팬더가 주인공이기 때문에 벌어지는 일들을 아주 흥미롭게 표현하고 있는데, 특히 마지막 장면인 마을을 파괴하려는 타이렁과의 결투에서 그 빛을 발한다. 무적의 5인방도 절대 이길 수 없었던 타이렁(표범)을 팬더이기에 그 거대한 배와 엉덩이로 이겨낼 수 있었던 것이다. 생각이 단순하고, 겁 많고, 툭하면 설레발에 조금만 움직여도 숨이 찬 팬더가 쿵후와 가장 거리가 먼 동물이 아닌 가장 가까운 동물임을 증명하는 순간이다. 결국 누구라도 주인공이 될 수 있고 자신을 믿으면 무엇이든 해낼 수 있다는 희망을 보여준다. '팬더도 용의 전사가 되는데 나라고 못 되겠어?'라는 힘을 주기도 한다.

또한 낮고 소외된 변두리 인물을 주인공으로 내세움으로써 모두가 평등하다는 것을 시사하기도 하는데, 주인공 팬더뿐만 아니라 거북 사부, 랫서팬더 사부, 뱀, 학, 사마귀 등 다른 인물들의 설정 또한 눈여겨볼 만하다. 이 모든 동물들이 쿵후 앞에서 우월과 열등의 개념 없이 각자의 특성을 드러내며 쿵후를 한다.

자, 이제 여러분은 누구를 주인공으로 캐스팅하겠는가?

용의 전사가 될 때까지 어떤 방해물들이 있었나?

주인공인 팬더 포가 용의 전사가 되어가는 장면은 아주 재미있으면서도 의미 있다. 여기에서 '되어가는'이라고 표현한 까닭은 이 장면에서 용의 전사가 된 결과보다 용의 전사가 되기까지의 과정 묘사가 아주 훌륭하기 때문이다.

주인공 포는 단지 누가 용의 전사로 뽑히는지가 궁금해서 제이드 궁전으로 향한다. 자신이 직접 쿵후를 하지는 못하지만 쿵후를 향한 강한 팬심을 가지고 있다. 사실은 밤에 잘 때 쿵후 전사가 되는 꿈을 꿀 정도로 쿵후를 하고 싶어 하고 무림계의 고수를 동경하지만 자신과는 거리가 멀 것이라는 생각에 그저 보는 것에 열광할 뿐이다.

포가 제이드 궁전으로 용의 전사가 뽑히는 장면을 보러 가는 여정에 수많은 방해물이 등장한다. 그래서 정말 어렵게 어렵게 제이드 궁전 앞에 도착하는데 그 순간 대회가 시작되면서 문이 닫혀버리고 만다. 포는 안으로 들어가기 위해 온갖 시도를 하지만 실패한다. 이 모든 것들이 '방해물'인 셈이다. 이 부분은 방해물을 여러 방식으로 나열하듯이 보여준다는 점에서 큰 의미가 있다. 영화 인문학 강의에서 〈쿵푸팬더〉를 주제로 청소년들이나 어른들과 이야기 나눌 때 가장 먼저 나누는 장면이 바로 이 장면이다.

"팬더가 용의 전사가 될 때까지 어떤 방해물들이 있었나?"

이 질문에 누구나 아주 많은 방해물들을 찾아낸다. 국수수레를 가져가라고 하는 아버지, 너무나 많은 계단, 작렬하는 태양, 국수수레, 제 시간에 문을 닫은 문지기, 높은 담, 나무가 휘어졌는데 반동이 일어나지 않아 팬더를 안으로 날려 보내지 못한 것, 장대높이뛰기의 실패, 팬더의 무거운 몸, 연속된 실패로 의기소침해지는 것, 아버지의 재등장, 제대로 터지지 않은 폭죽 등 국수가게에서 출발해 대회장 안으로 들어갈 때까지 있었던 모든 것이 방해물이다.

이때 조를 짜서 5분 정도의 짧은 시간을 주고 조별로 방해물을 찾아내라고 하면 그야말로 모든 조원이 자신이 발견한 방해물을 신나게 이야기한다. 굉장히 흥미로웠던 기억이 있는데 어느 중학교 아이들과 수업을 할 때 방해물을 무려 39개나 찾아낸 것이다. 대단하다고 하면서 자세히 들어보니 국수수레, 수레 안에 들어 있는 국수그릇, 수저, 젓가락, 국수 면, 육수, 국자 등 수레 안에 들어 있는 모든 것을 나열한 것이었다. 국수수레만이 아니라 수레 안에 들어 있는 것들 때문에 수레가 무거운 것이라며 논리적으로 열변을 토했다. 아직까지도 그 학교 아이들이 세운 39개의 기록은 깨지지 않고 있다.

문이 굳건하게 닫힌 제이드 궁전 안으로 들어가기 위한 끊임없는 시도 끝에 이미 다 꺼진 폭죽 중 하나가 살아나면서 포는 하늘 높이 솟았다가 마침내 제이드 궁전 안으로 떨어지게 된다. 그런데 그 순간이 바로 우그웨이 거북 사부가 용의 전사를 뽑는 그 순간이었다. 그 타이밍에 정확하게 떨어지면서 포는 '저 우주에서 내려주신 위대한 용의 전사'가 된다. 하필이면 그때. 그래서 쿵후를 전혀 모르고 훈련과 단련 받은 적이 한 번도 없는 쿵후계의 새 얼굴 팬더가 용의 전사가 되는 것이다.

자신이 훈련시킨 제자 중 한 명이 용의 전사가 될 줄 알았던 시푸 사부는 팬더를 보자마자 뭔가 잘못되었다고 생각한다. 그래서 자신의 사부인 우그웨이 사부에게 이것은 '우연의 일치일 뿐'이라고 말한다. 이때 우그웨이 사부의 대답인 명대사가 나온다.

"세상에 우연은 없다네."

여기에서 아주 인문학적인 질문을 해볼 수 있다. 인문학은 각도를 다르게 해서 바라보는 것. 지금까지 나누었던, 용의 전사가 되기까지의 방해물을 바라보는 각도를 한번 바꿔보자. 수많은 방해물 때문에 궁전 안으로 들어갈 수 없었던 포가 마침내 들어갔는데 그 순간이 마침 용의 전사를 뽑는 순간이었고, 정확하게 그 타이밍에 그 지점에 떨어진 것이다. 그렇다면 만약에 그 수많은 방해물 중 하나라도 없었다면 포는 무엇이 되었을까? 맞다. 용의 전사가 아닌 구경꾼이 되었을 것이다. 사실 포가 가장 원했던 것이 구경꾼들 중 하나로 구경을 하는 것이었으니까. 그런데 오히려 수많은 방해물 덕분에 용의 전사가 된 것이다.

"수많은 방해물 덕분에 용의 전사가 되었다면, 그것을 '방해물'이 아닌 무엇으로 불러야 하는가?"

용의 전사를 뽑는 그 타이밍에 들어가기 위해서는 궁전으로 가는 길에 있던 모든 방해물이 있어야만 한다. 그 방해물들 때문에 못 들어간 것이 아니라 그 방해물들 덕분에 용의 전사가 될 수 있었다는 거다. 그렇다면 이제 이 방해물들을 방해물이라고 부르면 안 된다. 과연 뭐라고 불러야 할까?

이 부분을 인문학적으로 토론해보면 다양한 의견이 나온다.

도움닫기, 조력물, 조력자, 발판, 구름판, 기회, 과정, 디딤돌…. 방해물이라는 단어를 다른 시각으로 바라본 단어를 찾아내는 작업이다. 보통은 '디딤돌'을 가장 많이 떠올리는데 방해물과 가장 대비되는 단어라고 생각하는 듯하다.

내가 나아가고자 하는 방향으로 가지 못하게 막는 방해물들이 이렇듯 각도를 다르게 보면 내가 가고자 하는 방향으로 가도록 도와주는 디딤돌이 되는 것, 이것이 〈쿵푸팬더〉를 통해 발견할 수 있는 또 하나의 인문학 문장이다.

그리고 이것은 삶에서 하나의 진리이기도 하다. 당장은 그것이 나에게 방해가 되고 나의 길을 막는 것 같고 불행한 일 같지만 지나고 보면 오히려 그것이 없었으면 어쩔 뻔했을까 싶게 고마운 일이 되기도 한다.

방해물이 디딤돌이 되는 과정은 그것들 자체가 변화되는 것이 아니라 관점과 각도를 다르게 보는 것이 핵심이다. 그것을 주인공이 용의 전사가 되는 과정과 사부들의 대사 등을 통해 관객들에게 아주 잘 전달해주고 있는 것이 바로 쿵푸팬더 시리즈 1편이라고 할 수 있겠다.

무한한 힘의 비밀은 무엇인가?

팬더 포가 용의 전사가 되는 것만도 큰 사건인데 영화는 거기에서 머물지 않는다. 용의 전사로 뽑히긴 했지만 진정한 용의 전사로 거듭나기 위해서는 쿵후 훈련도 받아야 하고 용의 전사만의 특별한 무언가를 전수받아야 한다.

용문서. 쿵후 역사에 전설로 내려오는 용문서가 있는데 이 문서에는 '무한한 힘의 비밀'이 들어 있다. 이 용문서, 갖고 싶지 않은가? 하지만 우리는 욕심을 내려놓아야 한다. 왜냐하면 이 용문서는 오직 용의 전사만이 가질 수 있기 때문이다. 시푸 사부도 무적의 5인방도 아닌, 바로 용의 전사 팬더 포만이 이 문서를 가질 수 있다.

팬더는 시푸 사부에게 일 대 일 맞춤형 프로그램으로 쿵후 기술을 익히고 돌아가는 길에 타이렁이 마을을 파괴하러 오고 있다는 소식을 듣는다. 무적의 5인방도 당하고 온 타이렁을 이길 수 있는 건 오직 팬더 포. 드디어 용문서를 열게 된다.

용문서에 적힌 무한한 힘을 알게 되면 무려 어떤 일이 벌어지냐면,

나비의 날갯짓 소리를 듣게 되고 우주가 나를 중심으로 도는 것을 느끼게 된다. 말 그대로 '무한한 힘의 비밀'이 담겨 있는 것인데 다시 한 번 강조하지만 이 힘은 용의 전사만이 가질 수 있다.

드디어 연다. "으헤헤헤헥."(이것은 팬더 포의 기대 섞인 감탄사임)

그런데 없다. 용문서에는 아무것도 없다. 전설의 용문서에는 정말 아무것도 쓰여 있지 않았다. 영화 인문학 강의를 할 때 가벼운 추정을 할 수 있도록 분위기를 조성하고 묻는다.

"왜 용문서에는 아무것도 쓰여 있지 않았을까?"

영화에서 말하는 것 말고 우리가 한번 추리해본다는 전제하에 질문을 하고 토론을 진행해보는 거다. 그러면 흥미로운 답변이 많이 나온다.

"스스로 무한한 힘의 비밀을 알아내라는 의미이다."

"팬더 포는 아직 용의 전사가 되지 못했기 때문이다."

"착한 사람 눈에만 보인다."

"불을 갖다 대거나 물에 담그면 글씨가 드러난다."

"무한한 힘의 비밀은 애초에 없었다."

여러분은 어떤 대답에 눈길이 머무는가?

용문서에 아무것도 쓰여 있지 않은 것에 몹시 낙담한 팬더 포는 집으로 돌아온다. (출생의 비밀이 있을 것으로 분명히 추정되는) 거위 아빠는 포를 반기며 함께 국수집을 운영하자고 앞치마를 둘러준다. 그러면서 집안 대대로 내려오는 국수 국물의 비밀을 아들에게 이야기한다.

"집안 대대로 내려온 특별한 국물 맛의 비법을 알려주마. 특별한 국물 맛의 비법은 없어. 그런 건 없어. 그냥 특별하다고 믿으면 특별해지는 거야."

그 다음 진행은 우리 모두가 짐작하는 바다. 특별한 비법은 따로 없으며 그저 특별하다고 믿으면 특별해지는 것에서 용문서의 해답을 얻은 포는 다시 그 높은 계단을 올라가 악당 타이렁과 일 대 일로 대결해서 당당하게 이기고 비로소 용의 전사로 거듭난다.

용의 전사는 우연이나 행운, 훈련에 의해서가 아니라 스스로가 특별하다고 믿는 힘을 깨달을 때 탄생되는 것이다. 이것이 용의 전사에게만 해당되는 말은 아닐 것이다. 여기에서 '특별하다'는 '다른 사람보다 더'의 의미이거나 '특별하지 않은'의 반대말이 아니라 자신 안에 담겨 있는 잠재력과 존재가치의 힘을 믿는 것을 말한다. 나 자신이 특별하다고 믿는 힘은 그것을 믿느냐 믿지 않느냐의 차원을 넘어서 내 안에 그 힘이 있다는 것을 스스로 알아차리느냐 못 알아차리느냐의 차원이다. 결국 '나 자신을 아는 것'이 무한한 힘의 비밀임을 우리는 알 수 있다.

02

"청소년, 그 찬란한 과정에
바치는 영화"

"내 삶이 어떻게 흘러가든 이 말은 잊지 못할 것이다.
'큰 힘엔 큰 책임이 따른다.'
내겐 축복이자 저주다.
내가 누구냐고? 나, 스파이더맨!"

'스파이더맨'은 영화 '마블 영웅 시리즈(미국의 만화책 출판사인 '마블 코믹스'의 캐릭터를 주인공으로 하는 〈아이언맨〉 〈토르〉 〈캡틴 아메리카〉 〈어벤져스〉 등의 영화)'에 나오는 주인공 중에서 가장 먼저 유명해진 영웅이라고 할 수 있다. 그래서 주인공이 능력을 얻는 과정을 많은 사람들이 익히 알고 있는데, 다른 게 아니라 바로 거미에 물려서 슈퍼 초능력을 갖게 된다.

  물론 이 거미는 평범한 거미가 아니다. 풀숲이나 나무에서 발견되는 그런 거미가 아니라 슈퍼거미다. 영화에서 어떤 큰 사건이 벌어지는 데에는 과학상의 사고와 오류가 종종 큰 역할을 하는데(〈스파이더맨〉에서의 악당 고블린도 그렇고, '헐크' 역시 과학 사고로 탄생한 인물이다. 상상력이 더해진 과학 사고와 우연을 사건의 원인이라 가정하는데 이는 큰 설득력을 지닌다), 이 슈퍼거미 역시 과학적으로 최강의 거미를 만들어내는 과정에 아직 완성되지 않은 유전자 상태에서 주인공을 물게 된다. 그리고 슈퍼거미의 유전자와 사람의 유전자가 만나 완성을 이루게 된다는 설정인데 그것이 주인공 몸에서 이루어지는 것이다.

  ## 슈퍼거미에 물린 후의 '변화'가 의미하는 것은?

  주인공은 거미에 물린 이튿날부터 자신의 몸에 심상치 않은 변화가 일어났음을 느낀다. 자신도 모르는 사이에 몸이 바뀌고 힘이 세지고 외부 자극에 대해 반응 속도가 엄청나게 빨라진다.

여기에서, 이 거미에 물린 이튿날의 변화에 주목해보자. 몇 가지 예를 들어보면, 먼저 전날 심한 열에 시달린 주인공은 아침에 일어나서 시력이 좋아져서 안경을 쓸 필요가 없음을 알게 된다.

이 안경 부분도 재미있는 것이 〈슈퍼맨〉에서도 안경을 쓰면 사람 클라크가 되고 안경을 벗으면 무척 잘생긴 슈퍼맨이 된다. 안경 하나로 사람들이 알아보지 못한다. 〈스파이더맨〉에서도 주인공이 슈퍼거미에 물린 뒤에 눈이 좋아져서 안경을 쓸 필요가 없어진다. 그로 인해 여자 주인공이 "눈동자가 파란색이구나."라고 하면서 비로소 눈을 마주치는 장면이 가능해지는 것이다.

또한 몸 근육도 좋아진다. 웃통을 벗고 거울을 보면서 몸이 좋아져서 무척 만족해하는 장면이 연출되고, 자신의 근육을 살피면서 이리저리 포즈를 취해보기도 한다. 힘이 세지면서 힘 조절이 안 돼 본의 아니게 싸움의 원인을 제공하기도 하는데, 특히 원래 힘이 셌던 학교 친구와 싸움을 하는 장면에서 드러나는 능력은 아주 놀랍다.

그리고 날아다니는 파리, 빨대에서 떨어지는 음료방울, 상대방 팔의 움직임 등 주변에서 일어나는 일이 섬세하게 다 느껴진다. 그러니까 이것은 곧 감각이 아주 예민해지고 반응 능력이 아주 빨라진 것을 보여주는 부분이라고 할 수 있다. 그 덕분에 존재감이 없던 주인공이 싸움을 아주 잘하는 것으로 추정되는 학교 친구를 확실하게 제압하고 아이들의 주목을 받게 된다.

자, 그러면 여기서 잠깐! 이 영화에서는 왜 주인공을 몹시 존재감이 약한 사람으로 설정했을까? 무려 곧 스파이더맨이 되어 세상을 구할 영웅이 될 몸인데 거미에 물리기 전에는 다른 친구들에게 인기가 없는 것은 물론이고 놀림의 대상이 되는 유약한 모습이다. 오래 전부터 좋아하는 여자아이에게 말도 못 붙이는 것은 물론이고 그 여자아이는 주인공이 누구인지도 모른다(심지어 옆집에 산다). 점심시간에 밥도 혼자 먹고, 친하게 지내는 친구는 겨우 한 명인데 그 친구에게 좋아하는 여자아이를 뺏기기도 한다.

여러분이 감독이고 주인공에게 이러한 설정을 했다면 그 까닭은 무엇일까? 함께 가정해보자.

하나, 이전 모습이 유약할수록 나중에 영웅으로 변모했을 때 극명한 차이를 보일 수 있다.

둘, 현실에서는 대단한 사람보다 유약하고 평범한 사람들이 많아서 공감대를 많이 불러온다.

셋, 유약하고 평범한 사람들에게 희망을 주고 싶기 때문이다.

혹시 다른 의견이 더 있는가? 기회가 된다면 듣고 싶다.

무모한 시도와 시행착오, 그 과정의 미덕

이렇게 현실에서 아주 평범하고 또 주변으로부터 주목도 전혀 받지 못하던 한 청소년이 슈퍼거미에 물린 다음날부터 여러 능력과 힘을 갖게 된다.

주인공은 자신의 힘이 스스로도 당혹스러워서 학교를 뛰쳐나와 혼자 뒷골목에서 생각에 잠겼다가 자신 안에 특별한 힘이 있음을 알아채고 그 힘을 시험해보기로 한다. 그런데 자신의 힘과 능력이 어느 정도인지 모르기 때문에 높이 뛰었다가 겁을 먹기도 하고, 생각보다 멀리 뛰는 자신의 모습에 신이 나기도 한다(건물과 건물 사이를 날아다닌다). 그리고 스파이더맨의 빼놓을 수 없는 핵심 능력인 거미줄. 주인공은 우연히 나왔던 거미줄을 다시 나오게 하는 방법을 알기 위해 갖가지 주문을 외워본다. 우연하게 발휘된 능력을 스스로 제어하고 싶었던 것이다. "슉슉", "나와랏" 등의 주문을 외우고 손 모양을 여러 가지로 해서 시도해보는데 뜻대로 되지 않는다. 그러다 이내 거미줄이 나오게 되고 그 거미줄을 타고 건너편 건물로 날아간다. 어떻게 될지도 모르면서.

이것을 우리는 '무모한 시도'라고 한다. 거미줄 하나 믿고 건너편 건물로 타잔처럼 몸을 날린 주인공은 첫 시도이기에 속도를 가늠하지 못하고 벽에 쾅 하고 세게 부딪히고 만다. 지금까지 이야기한 장면들은 모두 시행착오를 겪는 모습을 묘사한 것이다.

자, 그렇다면 함께 인물의 은유를 찾아보자. 스파이더맨은(널리 알려진) 마블 영웅 중에서 유일한 십대이다. 물론 원작에는 더 있기도 하지만 우리가 알고 있는 어벤져스 팀에서 유일한 십대 영웅이다. 고등학생인 듯하고 나이는 대략 18세로 추정되는데 바로 청소년기의 절정인 나이대다.

〈스파이더맨〉으로 영화 인문학 강의를 할 때 주인공이 슈퍼거미에 물린 다음날 몸에서 나타나는 현상과 청소년기에 나타나는 변화와 비슷한 점을 찾아보라고 한다. 그러면 청소년들도 아주 흥미롭게 비슷한 점을 찾아내고 어른들(특히 부모와 교사)도 잘 찾아낸다.

이것을 꼭 찾아보게 하는 이유는 청소년기의 변화가 자신의 정체성을 찾아가는 '과정'이라는 점을 강조하기 위해서인데 많은 사람들이 비슷한 점을 찾는 과정에서 이 부분을 이해한다.

슈퍼거미에 물린 다음날 주인공이 겪는 변화는 마치 청소년기 아이들이 겪는 변화와 비슷하게 표현되어 있는데, 위에서 나열한 주인공의 모습들을 가만히 살펴보면 몸에 관심이 많아지고 예민해지고 주변의 평가에 신경을 쓰며 무모한 시도를 통해 자신의 능력을 시험해보고 시행착오를 겪는다. 실제보다 자신의 힘이 약하다고 생각하기도 하고, 실제보다 자신의 힘을 더 부풀려 생각하기도 한다.

청소년기의 절정이라고 할 수 있는, 어른이 되기 직전인 열여덟 살은 여러 영화에서 아주 중요한 나이로 설정하는 경우가 많다. 날마다 얼굴이 바뀌는 주인공을 그린 〈뷰티 인사이드〉에서도 남자 주인공이 처음 얼굴이 바뀌는 나이가 열여덟 살이다.

"아침에 일어나서 거울을 보는데 웬 아저씨가 있는 거야."라는 말로 극명한 변화의 시작을 표현한다.

〈스파이더맨〉에서 이 변화를 청소년기와 연결하면, 청소년기를 혼란과 방황의 시기로만 보기보다는 자신의 참된 능력을 찾아가는 과정으로 볼 수 있다. 자신의 변화를 자신도 받아들이기 어려운 상황에서 자신이 지닌 능력의 한계를 시험해보고 싶고 도전해보고 싶은 시행착오를 단순히 질풍노도의 시기라고만 표현할 것이 아니라 자신을 스스로 알아가려는 노력과 과정으로 봐야 한다. 그리고 어른들이 그 모습을 기다려주고 지켜봐주는 것은 물론, 단순히 주시하는 것이 아닌 응원하는 관점으로 바라봐주어야 한다.

스파이더맨이 자신의 능력과 사명을 찾아가는 모습을 청소년기와 어떻게 연결하여 생각할 수 있을까? 혹은 청소년기가 아니더라도 어느 지점에 이르는 '과정'을 우리는 어떻게 볼 것인가? 혹은 자기 자신에게 생긴 능력을 누구를 위해 사용할 것인가? 〈스파이더맨〉에서 주인공이 겪는 변화와 관련하여 이런 질문을 해볼 수 있다.

청소년기의 방황은 '불명예'인가?

이쯤에서 두 가지 질문을 하고 싶다.

하나, 청소년기의 방황은 명예인가, 불명예인가?

이 주제를 가지고 교사연수에서 종종 토론을 하는데, 꼭 하나만 선택하게 한다. '명예일 수도 있고, 불명예일 수도 있고'는 선택할 수 없고 명예인지 불명예인지 하나만 선택할 수 있다. 그러면 불명예라고 선택하는 사람보다 명예라고 선택하는 사람이 더 많다. 방황을 계기로 자신이 누구인지를 깨닫고 어디로 나아갈 것인지 알아차리면 명예라는 것이다. 그리고 그 반대이면 불명예일 수 있다고 말한다.

그런데 한 아이가 심하게 방황을 하고 있는 시점이라면 어떻게 볼 것인가? 아직 아무 결론에도 이르지 못했고 결과를 예측할 수 없는 '지금 그 순간'을 어떻게 볼 것인가? 그래서 사실 어떤 결론도 낼 수 없다. 방황을 하고 있는 지금 그 상태는 명예도 불명예도 아니다.

그런데 사회는 어느 것도 기다려주지 않고 방황 그 자체를 불명예로 보기도 한다. 그러니까 이 말은 결과가 아니라 과정 자체가 불명예가 된다는 것이다.

많은 청소년들이 '되어가는' 과정에서 겪는 모든 일을 이 사회와 어른들은 기다려주지 않는다. 그 과정과 시행착오가 스파이더맨과 같은, 사회를 구하는 영웅을 만들어낼지도 모르는데 말이다.

둘, 중2병은 과연 존재하는가?

중2병은 어느새 사회적 용어가 되어 중2라고 하면 으레 따라붙는 말이 되었다. 얼마 전 어느 신문에서 초4병이라는 표현을 쓰는 것을 보고 한 어른으로서 무척이나 죄책감을 느꼈다. 성장하는, 그리고 찾아가는 그 과정을 '병'으로 지칭하는 이 사회의 '게으름'에 아이들에게 무척이나 미안한 마음이 든다.

미래가 불안하고, 자기 자신이 누구인지 잘 모르겠고, 이유를 알 수 없는 외로움과 고독감에 시달리는 아이들의 모습을 '병'이라고 지칭하는 것은 우리 사회가 그만큼 게으르다는 증거다.

"마음이 힘들어요."라고 호소하는 사람에게 "그거 병이야, 병!"이라고 한다면 그 사람은 더 이상 어디에 호소할 수 있을까?

여러 곳에서 아이들을 만나면서 느끼게 되는 아이들의 가장 큰 감정은 외로움과 억울함이다. 어디에서 시작된 건지, 누구에게로 향하는지 모를 화에 시달리고 있고 그 화는 외로움과 억울함을 함께 끌어안고 있다.

나는 분명 그중 하나는 이 사회가 아이들에게 부여하고 있을 '낙인'에서 비롯된 것이라고 본다. 어른들에게는 붙지 않는 수많은 수식어. 비행, 문제, 위기, 학교 밖, 학업중단위기, 학교폭력, 그리고 이제는 '병'까지. '과정'에게 '결론' 같은 수식어를 너무나 많이 붙이고 있다.

중2병에 걸린 중2는 없다. 중2병이라고 말하는 시선과 말만 존재할 뿐이다.

영웅이란 어떤 사람인가?

이제 질문을 '영웅이란 어떤 사람인가?'로 옮겨가 보자.

특별한 능력을 얻게 된 주인공이 악당 고블린에 의해 시험대에 오르는 장면이 나온다. "많은 사람들이 너보고 영웅이라고 하는데 어떤 선택을 할 것인가?"라는 아주 일차원적이면서 중요한 질문을 하는 것이다.

악당 고블린은 영웅이 되어가는 스파이더맨이 못마땅해서 많은 사람들이 지켜보는 곳에서 그 실체가 드러나게 하려고 한다. 그래서 스파이더맨이 사랑하는 여인 엠제이(MJ)와, 아이들이 타고 있는 케이블카를 동시에 추락시키며 어느 쪽을 구할 것인지 선택하라고 한다.

우리라면 어떤 선택을 할까? 눈앞에서 사랑하는 여인과 많은 아이들이 동시에 떨어진다면.

우리의 십대 영웅 스파이더맨은 역시 둘 다 포기하지 않는다. 사랑하는 여인을 구함과 동시에 케이블카 역시 잡는다.(영웅이라면 '당연히' 그 어떤 것도 포기하지 않는다. 영웅에게 소중하지 않거나 어쩔 수 없는 것은 없으니) 그러나 둘 다 구하는 선택을 한 결과 두 손이 모두 자유

롭지 못하게 되어 스파이더맨 자신이 악당에게 공격당할 상황에 놓이게 된다. 그런데 이 장면에서 무척 인상적이며 주목해야 할 것은 따로 있다. 바로 시민들.

악당 고블린 때문에 난감한 상황에 빠진 스파이더맨을 그저 지켜보거나 기다리는 것을 넘어서 응원하는 것은 물론이고 힘을 모아 고블린을 공격한다.

"너 빼고 다 우리 편이야. 아이들을 구하려고 하는 우리의 영웅을 가만 놔두라고."

그렇게 시민들이 힘을 모아 스파이더맨을 도와서 아이들과 엠제이를 무사히 구출한다.

사랑하는 여인과 아이들을 모두 구하게 되었지만 모두 구하지 못할 수도 있었던 이 장면이 〈스파이더맨〉의 명대사, "큰 힘에는 큰 책임이 따른다."의 구체적인 시작이 아니었을까 싶다. 자신이 어떤 능력을 가졌다면 그 능력을 사사로이 사용할 것이 아니라 세상을 구할 혹은 세상에 이로울 책임을 가진 거나 다름없다는 것을 보여주는 히어로 버전의 성장 영화라 할 수 있는 것이다.

그 일을 계기로 주인공은 한 가지 선택을 해야 하는 고민에 빠진다. 자신에게 생긴 큰 힘을 버리고 사랑하는 여인과 평범한 삶을 살 것이냐, 아니면 자신에게 생긴 큰 힘의 의미를 깨닫고 세상을 구하기 위해 영웅으로 살 것이냐. 그러나 후자를 선택하려면 자신 때문에 위험해질 수도 있는 사랑하는 여인을 떠나야만 한다.

주인공은 그렇게 큰 힘이 주는 무게감을 깨닫고 그 힘을 책임감 있게 사용하기 위해 사랑하는 여인을 떠나 스파이더맨이 된다.

하나를 보는 두 개의 시각, 무엇을 봐야 할까?

〈스파이더맨〉은 시리즈로 나왔는데, 그중 첫 번째가 토비 맥과이어 주연의 〈스파이더맨〉, 그 다음이 앤드류 가필드 주연의 〈어메이징 스파이더맨〉, 그리고 최근에 개봉한 〈스파이더맨 홈커밍〉이다. 이 시리즈는 주인공이 십대이고 학교에서 주류라기보다는 비주류에 속한다는 점에서 서로 닮아 있다. 친구가 많지 않고 주로 놀림의 대상이거나 학교에서 가장 힘이 센 아이에게 늘 지곤 하지만 그러면서도 자신이 관심을 가지고 있는 분야에 능통해서 그 분야에 전도가 유망한 학생으로 나온다. 그런데 이 시리즈의 영화가 묘하게 연결되어 있으면서도 달라지는 것 중 하나는 스파이더맨이 점점 더 어려지고 유쾌하고 밝아진다는 점이다. 이른바 더 까불거리고 더 무모해진다. 뭐랄까, 더 십대다워진다고 할까?

그리하여 이번 〈스파이더맨 홈커밍〉에서 주인공의 나이는 15세로 설정되어 가장 어리다. 우리나라 학령기로 환산하면 이전의 고등학생에서 중학생으로 설정된 것이다. 그렇기 때문에 어리다는 이유로 어른들이 신뢰하지 않고 의견을 무시하는 장면이 더 많이 나온다.

〈스파이더맨 홈커밍〉은 그야말로 청소년들이 겪는 고민과 외로움 그리고 한 주체로서 독립하는 과정 등을 정말 잘 표현한 영화라는 생각이 든다.

우리가 나누고 있는 스파이더맨 시리즈의 첫 번째 편에도 이런 부분이 드러나는, 눈여겨볼 만한 대사들이 있다. 청소년을 향한 시각을 보여주는 대사라고 해석할 수도 있는데, 주인공 피터 파커가 아침에 학교 가는 길에 삼촌이 말한다.

"10대, 힘이 넘치지."

바로 다음 장면으로 옆집에 사는 엠제이가 등장하는데 학교 가려고 집을 나서는 엠제이의 등에 대고 아빠가 이렇게 소리를 지른다.

"너는 쓰레기야, 쓰레기."

또 하나 예를 들어보자. 학교에서 힘이 센 친구와 싸움을 하면서 놀라운 능력을 발휘하는 주인공에게 한 학생이 말한다.

"인간이 아니야."

그리고 다른 친구는 이렇게 이야기한다.

"넌 정말 대단해."

이렇듯 시각을 대비하여 보여주는 장면이 나온다. 청소년을 향한 주변의 시각 대비를 잘 보여주는 장면이다. 하지만 이것이 단지 청소년만을 향한 시각은 아닐 것이다. 어떤 한 사람을 보고 전부를 알 수 없는데도 우리는 한 부분만 보고 그 사람을 판단하기도 한다.

그리고 그 판단을 할 때에 그 모습을 '그 사람의 결과로 보고 있는가, 과정으로 보고 있는가?' 또한 중요한 질문으로 남겨두려고 한다.

우리는 우리의 시행착오와 과정을 어떻게 생각하고 있을까? 지금의 모습을 과정의 한 부분으로 보지 않고 결과물로만 보고 불만족스러워하고 비난하고 모자라다고 생각하지는 않는지? 삶은 과정의 연속인데 말이다.(그러므로 어떤 삶의 과정도 평가받고 판단받을 수 없다)

지금 발휘하고 있는 능력이 전부가 아닐 수도 있고, 아직은 더 능력을 발견하고 시도해보면서 진짜 능력이 무엇인지 알아봐야 하는 것일 수도 있다. 알고 보면 스파이더맨처럼 어마어마한 능력으로 세상을 구할 수 있을지도 모르니까.

자존감을 주제로 한 영화

청소년을 대상으로 영화 인문학 강의를 할 때 가장 많이 궁금해하는 주제가 '자존감'이다. 자존감을 주요 주제로 다룬 영화들은 크게 다음 두 가지 특징을 지닌다.

하나, 진정한 나 자신을 찾아가는 것

둘, 나 자신을 있는 그대로 온전히 수용하는 것

진정한 나 자신을 찾아가는 것은 지금의 내가 나로서 살지 못하고 주변의 기대와 타인의 시선에 흔들릴 때 '진정한 나'를 찾는 과정 혹은 내가 진정으로 원하는 것을 찾는 과정을 그린 영화다.

나 자신을 있는 그대로 온전히 수용하는 것은 자신이 뭔가 부족한 것 같고 마음에 들지 않아 바꿔야 한다는 마음에 빠져 있다가 자기 자신을 있는 그대로 온전히 받아들이는 과정을 그린 영화다.

자존감을 주제로 볼 수 있는 영화로 다음 영화들을 추천한다.

〈페넬로피〉 〈쿵푸팬더3〉 〈몬스터 대학교〉 〈라푼젤〉 〈인사이드 아웃〉
〈겨울왕국〉 〈아이언맨3〉 〈어벤져스2〉 〈주토피아〉 〈세 얼간이〉

03

"그들의 인생은
왜 아름다웠을까?"

"좋은 곳이지? 아빠가 좋은 곳에 데려왔지?

오늘은 땅따먹기를 했어.

얼마나 웃었던지 배꼽이 빠지는 줄 알았어. 정말 재밌더라.

어서 내일이 돼서 또 했으면 좋겠다."

해마다 수많은 영화가 나오고 그중 많은 영화가 사람들을 흔들어 놓을 정도의 감동을 주는데도 이 영화 〈인생은 아름다워〉를 가장 좋아하는 영화라고 꼽는 사람들이 많다. 1997년에 나온 영화인데 그때 보지 못했던 사람들도 기회가 되어 보고 나면 가장 좋아하는 영화라고 말하기도 한다.

서울에 있는 한 시립도서관에서 고등학생을 대상으로 영화 인문학 강의를 열 차례에 걸쳐 진행한 적이 있다. 그때 참석한 이란성 쌍둥이 친구들이 있었는데 둘은 남매였다. 이 친구들은 토론할 때 생각하는 것과 말하는 것이 남다른 부분이 많았는데 엄마가 영화를 좋아해서 어릴 적부터 가족이 모여서 영화를 보고 토론을 많이 했단다. 그래서 가장 좋아하는 영화가 뭐냐고 물으니 〈인생은 아름다워〉라고 둘이 동시에 말한다. 반가운 마음에 좋아하는 이유를 물으니 "뭐라고 딱 꼬집어 말할 수는 없지만 인생을 제대로 산 사람의 이야기 같아요."라고 한다.

그렇다. 이 영화가 그렇다. 뭐가 좋다고 여러 이유를 나열할 자신도 있지만 그렇다고 딱 그것 때문에 이 영화가 좋은 거라고 말하기 어렵다. 왜냐하면 이 영화는 다 좋으니까. 캐릭터, 구성, 제목(특히 제목!), 소재, 유머, 대사 등 시작부터 끝까지 호평 세례를 퍼붓고 싶다.

제목이 왜 '인생은 아름다워'일까?

호평 이야기가 나와서 말인데, 이 영화의 주인공 귀도 역을 맡은 배우이자 감독인 로베르토 베니니는 이탈리아의 유명한 코미디 배우이자 TV 스타이다. 1980년대 감독으로 데뷔해서 각본, 연출, 주연으로 여러 영화를 제작하였는데 〈인생은 아름다워〉로 엄청난 찬사를 받고 상을 휩쓸면서 감독들이 존경하는 감독으로 자리매김하였다. 그런데 이 영화가 너무 좋은 나머지 그 이후에 나온 영화들이 오히려 좋은 평가를 받지 못하기도 했다.

이 영화의 모티브는 러시아 혁명 당시 뛰어난 전략가이자 연설가였던 트로츠키가 남긴 글에서 얻었다고 한다. 트로츠키가 스탈린과 대립하다 실각하게 되고 인생 말년에 암살을 피해 국외를 전전하는 도망자 신세로 살다가 결국 암살을 당하게 되는데, 암살당하기 전 "그래도 인생은 아름답다."라는 글을 남겼다고 한다. 험난한 고초를 겪고 죽음의 분위기 속에서 인생의 마지막 언어를 '그래도 인생은 아름답다'로 선택했다는 것이 가슴 깊이 뭉클하게 다가온다.

더군다나 이 영화 소재가 나치 시대의 유대인 박해와 관련이 있다는 데에서 제목이 주는 울림이 크다. 인류 역사에서 한 민족을 박해한 역사에 대한 기억을 뼈아프게 이어가고 있는 사건 중 하나인 데다 그 박해와 학살 방법이 너무나 가혹해서 나치와 나치 부역자들은 독일에서 아직도 심판을 받고 있다. 얼마 전에도 94세의 나치 부역자에게 징역 5년을 선고할 정도로 이 아픈 역사를 절대 되풀이하지 않기 위해 다짐하고 있다.

이토록 아픈 역사와 아픈 이야기를 소재로 선택했으면서도 영화를 내내 아주 유쾌하게 끌어간다. 많은 배우와 감독들이 이 영화를 진정으로 인정한다고 말하는데, 그러면서 덧붙이는 이유가 영화는 웃고 있는데 관객은 눈물이 나는 그야말로 슬프고 아름다운 영화이기 때문이라는 것이다.

여기서 잠깐, 유대인들이 왜 박해를 받았는지 혹시 알고 있는가? 여러 추정이 있는데 그중 하나는 이러하다. 워낙 똑똑한 민족으로 알려져 있는 유대인들은 당시 여러 가지 사업에서 수완을 발휘해 돈을 많이 벌어들였는데, 그중 하나인 고리대금을 통해 막대한 재산을 보유하고 있었다고 한다. 그 부를 차지해 전쟁자금(히틀러는 전쟁을 공약으로 내세운 아주 드문 수장이다)으로 사용하기 위해서라는 설도 있고, 수장이 된 히틀러가 민심을 하나로 모으기 위해 공공의 적을 만들기 위한 정책의 일환이었다고도 한다. 또 히틀러가 워낙 열등감이 많은 인물이라 성장기에 유대인에 대한 자격지심이 있었을 거라는 설도 있으며, 대학에 탈락시킨 교수가 유대인이었다는 설도 있다.

이 영화는 그 시절에 한 유대인 남성이 아들을 지키기 위해 수용소에서 고군분투하는 이야기다. 무엇보다 어린 아들과 함께 언제 죽을

지도 모르는 수용소에 들어가게 되면서 아버지는 아들을 지키기 위해, 그리고 아들에게 수용소에서의 생활이 끔찍한 기억으로 남지 않게 하려고 많은 시도를 하는데, 관객들은 그 모습을 조마조마하게 지켜보면서 큰 감동을 받는다.

'엉터리 통역'은 무엇을 의미할까?

아버지 귀도의 활약은 아들과 수용소로 끌려가는 기차에서부터 시작된다. 끌려가는 입장인데 아들에게 일부러 이 기차를 예약했고 재미있는 여행이 될 거라고 쉼 없이 말을 하고, 그러면서 기대되고 재미있겠다는 표정과 몸짓으로 아들을 속인다.

빽빽하게 서서 긴 시간을 이동해야 하는 기차를 타고 도착한 수용소에 들어가면서도 지금 우리는 게임에 참가하는 거라고 말하고 1등을 하면 장난감 탱크도 아닌 진짜 탱크를 상으로 받을 거라고 말한다. 어린 아들은 분위기가 심상치 않은 걸 계속 느끼면서도 아버지가 끊임없이 늘어놓는 즐거운 말들에 그렇게 믿게 된다.

특히 많은 사람들이 가장 좋아하는 장면으로 꼽는, 귀도가 수용소 규칙을 엉터리로 통역하는 장면은 실로 놀랍기 그지없다(찬사에 찬사에 찬사를 보내고 싶다).

독일 군인은 수용소에서 지켜야 할 규칙들을 아주 단호하고 무섭게 그리고 강압적으로 말한다. 까딱하면 금방이라도 고문이나 죽임을 당할 수 있는 분위기에서 독일어 할 줄 아는 사람 나오라는 말에 독일어를 전혀 모르는 귀도가 무작정 앞으로 나간다. 그리고 독일 군인이 하는 말을 게임에 빗대어 설명하여 아들이 정말 게임에 참가하게 됐다고 믿게끔 한다. 수용소에 있는 많은 사람들이 게임 얘기에 어리둥절한 표정을 짓는 모습은 계속 웃음을 자아낸다.

귀도가 통역하는 대사들을 보면 다음과 같은 것들이다.

"이제부터 게임 시작이다. 오지 않은 사람은 제명한다."

"1,000점을 먼저 따는 사람이 우승자이며 상품은 탱크다. 잘해보도록."

"매일 그날의 1등을 스피커로 방송할 것이다. 꼴찌는 등에 멍청이란 쪽지를 붙이고 다녀야 한다."

"우리는 소리치는 나쁜 사람 역할을 맡았다. 겁을 내는 사람은 점수를 깎겠다."

"다음 세 가지의 경우는 점수를 빵점 처리하겠다. 첫째, 울 때, 둘째, 엄마가 보고 싶다고 할 때, 셋째, 배가 고프다며 간식을 달라고 할 때. 한 치의 용서도 없다."

통역하는 장면에서 눈에 띄는 대사들이 있다.

"우리는 소리치는 나쁜 사람 역할을 맡았다."

"겁을 내는 사람은 점수를 깎겠다."

우선 독일 군인이 실제로 한 말과 통역이 다르다는 것은 무엇을 의미할까? 실제 현실은 독일 군인의 말이겠지만 아빠의 통역을 듣고 어린 아들은 그 내용이 사실이라고 생각하고 그것이 현실이라고 생각하게 된다. 사람들 모두가 같은 세상에 사는 것 같지만 모두 자기만의 세상이 있다. 자기가 바라보고 자기가 생각하는 것이 자신의 세상이라고 할 수 있다. 인생이 힘들다고 생각하는 사람은 힘든 세상을 살고 있는 것이고, 인생이 흥미롭다고 생각하는 사람은 흥미로운 세상에 살고 있는 것이다. 실제 세상이 어떻든 상관없이 그 세상을 바라보고 해석하는 사람에 따라 세상이 달라진다.

주디스 콜과 허버트 콜이 지은 《떡갈나무 바라보기》(사계절, 2002)를 보면 곤충과 동물들은 각자의 환경이 있다. 개미가 사는 세상과 조개가 사는 세상 그리고 나비가 사는 세상은 각각 다르다. 왜냐하면 그들을 둘러싼 환경이 다르기 때문이다. 자신을 둘러싼 세계, 이것을 움벨트(umwelt)라고 하는데 독일어로 'welt'는 '세계'라는 뜻이고, 'um'은 '둘러싼'이란 뜻이다. '움벨트'라는 말은 야콥 폰 윅스퀼이 1957년 《동물들의 세계와 인간의 세계》(도서출판b, 2012)에서 언급한 개념으로, 둘러싼 세계, 즉 환경이라는 뜻이다. 그런데 여기에서 아주 흥미로운 것은 같은 개체끼리는 환경이 비슷하다는 점이다. 개미와 조개는 환경이 다르지만 개미끼리는 환경이 같고, 나비와 개미는 환경이 다르지만 나비끼리는 같다. 얼룩말끼리, 진드기끼리, 사자끼리 거의 같은 환경에 산다고 할 수 있다.

그렇다면 여기에서 우리 인간을 한번 들여다보자. 인간도 살아가는 환경인 집, 옷, 사람, 음식 등은 대개 비슷하다. 하지만 머릿속에 들어 있는 환경은 저마다 다르다. 자신을 둘러싼 물리적인 환경이 아닌 내적으로 세상을 해석하는 환경은 모두가 다르다. 이것은 자라면서 경험하는 모든 것들의 누적이자 각자가 정돈한 것들이다. 사람들은 저마다 살아온 경험과 스스로 정돈하는 경로와 해석이 다르기에 모든 사람은 다른 환경에서 산다.

이는 외부에서 오는 자극을 어떻게 '해석'하느냐에 따라 자신이 구축하는 환경이 저마다 달라진다는 것을 의미한다. 세상을 불행하다고 해석하면 불행한 세상에 살고 있는 사람이 되는 것이고, 세상이 살만하다 해석하면 살 만한 세상에 살고 있는 사람이 된다. 나의 해석, 즉 이 영화에서 보자면 통역하는 바가 나의 환경이 된다.

이 영화에서 독일 군인이 실제로 한 말과 통역이 다른 것은 바로 이런 뜻을 담고 있다. 통역은 하나의 언어를 다른 언어로 '정확하게' 번역하여 전달하는 것이 목적이다. 그런데 이 영화에서는 원래의 언어를 전혀 다르게 통역하고 있고 그것이 아이에게 전혀 다른 세상을 만들어준다. 험난하고 지옥 같고 참혹한 세상이 아니라 신나고 기대되고 설레는 세상을 말이다.

이것은 우리에게 '해석'이라는 키워드를 던져준다. 상황과 사건을,

그리고 그러한 것이 모두 포함된 삶을 어떻게 스스로에게 해석(이 영화에서는 통역)하느냐에 따라 사람들은 스스로 제공한 '움벨트(환경)' 안에서 살아간다. 만약 자신에게 특정한 환경을 제공할 수 있다면 여러분은 어떤 환경을 제공하고 싶은가? 그렇다면 그런 환경을 제공(해석)하고 있는가?

이 통역 장면은 이런 점을 아주 잘 드러낸다. 실제가 어떻든 그것을 해석하는 사람의 몫이라고 말이다. 아버지 귀도는 아들에게 지금의 이 세상을 다르게 알려주고 싶어 엉터리 통역을 하고, 아들은 미심쩍지만 의심을 거두고 게임에서 1등을 해서 진짜 탱크를 탈 생각에 기대에 부풀게 된다.

위에서 말한 "우리는 소리치는 나쁜 사람 역할을 맡았다."라는 것은 유대인 입장에서 독일 군인의 역할을 의미한다. 이 또한 '해석'에 대한 부분인데, 단지 그 역할에 충실할 뿐이라는 것이다. 마치 연극 무대에서처럼 각자의 역할이 있고 그 역할 중에 '소리치는 나쁜 사람 역할'이 있을 뿐이라고 전해주는 대사라고 할 수 있다. 그 사람 자체가 나쁜 것이 아니라, 그 사람이 단지 '나쁜 사람' 역할을 하고 있을 뿐이라고 생각하는 시각은 실로 놀랍다. 주인공의 삶을 주인공의 삶답게 만들어주기 위해서는 '나쁜 사람'이 필요한데 그 사람이 그 역할을 맡아준다고 이 영화는 말하고 있는 것이다.

혹시 같이 감탄했다면 자, 이 말은 어떤가?

"겁을 내는 사람은 점수를 깎겠다."

많은 일에서 두려움을 가지면 점수를 깎이기 쉽다. 두려움은 스스로 어려움을 헤쳐 나가는 데 방해가 될 가능성이 아주 높기 때문이다. 두려움은 어떤 것을 시작하기도 전에 의지를 꺾어버릴 수 있는 강력한 힘을 가지고 있으며 보폭을 제한하고 발걸음을 위축시킨다. 그러니 겁을 내면 점수를 따기보다는 점수를 깎일 확률이 높다. 그러면 1등을 해서 탱크를 탈 수 없을 것이다.(여러분의 탱크는 무엇인가?)

한 NGO 단체에서 강의를 할 때 이 두 문장을 가지고 토론을 한 적이 있는데 성경적인 차원에서 해석하는 시선이 많고 이 문장들뿐만 아니라 영화 전체를 성경적으로 해석하는 시선도 많았다. 그 차원으로 해석해본다면 이 영화가 갖는 의미가 더 넓어지고 다양해질 수 있을 것이다(부디 시도해보길 바란다).

그렇게 수용소 생활이 시작되고 아버지 귀도는 힘겨운 노동에 시달리게 된다. 하루 종일 무거운 쇳덩이를 나르고 돌아오니 계속 혼자 있었을 아들이 "아빠" 하면서 달려가 안긴다. 아무 힘도 남아 있지 않을 것 같은 아버지 귀도가 아들을 반기면서 안아 올린다. 비틀비틀. 그러고는 자신의 몫으로 받았을 아주 투박한 질감의 빵을 건넨다. 이 장면을 다시 본다면 마치 밖에서 힘든 사회생활을 마치고 돌아온 아버지의 모습을 보는 것 같은 생각이 들 것이다. 그리고 이어서 귀도가 샤워를 안 하겠다는 아들에게 엄마한테 이른다고 말하는 장면이

나 몰래 들어간 방송실에서 아들이 엄마에게 들려주는 말("아빠가 수레를 태워줬는데 운전을 잘 못 해. 배꼽 빠지게 웃었어." 등)은 마치 평범한 가족의 일상처럼 보인다.

아들에게는 이 모든 것이 마치 아빠와 체험캠프에라도 온 듯 신이 난다. 영화의 마지막을 먼저 언급하자면 "이 이야기는 나의 아버지의 이야기다. 아버지가 나에게 물려준 아름다운 유산이다."라는 말을 하는데, 영화 전체가 아버지와 함께 수용소에 들어갔던 어린 아들이 성장해서 당시를 떠올리며 하는 이야기였던 것이다(아버지 귀도는 끝내 수용소에서 죽음을 맞는다).

영화는 주인공을 따라가며 재미있는 상황을 끊임없이 이어가는데 관객은 눈물을 흘리면서도 웃지 않을 수 없는 상태가 계속된다. 웃음은 나오는데 마음은 미어지는 아이러니한 상황에 놓이게 되는 것이다. 사람에게 있어 감정 표현의 절정이라고 할 수 있는 웃음이라는 즐거운 표현과 눈물이라는 슬픈 표현이 동시에 일어나는 것이 바로 이 영화의 놀라운 지점이다.

(   ) 인생은 아름다워, 내 인생은 (   )

이제 영화는 마지막을 향해 전개된다. 마침내 연합군이 들어오고 드디어 수용소 생활에서 해방되는 듯하다. 독일군은 부리나케 달아나고 수용소 전체에 비상이 걸린다. 귀도는 아들에게 게임 마지막은 정말 잘 숨어 있어야 한다며 눈만 겨우 보이는 곳에 아들을 숨기고 아내를 찾아 나섰다가 결국 독일군에게 발각된다.

이때 아버지 귀도는 자신의 운명을 감지했을까? 개인적으로 이 장면을 볼 때마다 영화에서는 미처 표현되지 않는 아버지의 마음이 상상만으로도 어마어마한 크기로 다가온다.

아들이 숨어 있는 곳을 지나면서 그 안에서 밖의 상황을 지켜볼 아들을 향해 끝까지 재미있는 걸음걸이를 보이며 윙크를 보내는데 그것이 아들이 보는 아버지의 마지막 모습이 된다. 그 찰나의 눈 맞춤이 이 생애에서 아버지와 아들로 마주하는 마지막 순간임을 감지한 아버지의 마음, 그리고 나중에 어른이 되어서 그 당시에는 알지 못했지만 그때가 마지막이었구나 하는 생각을 할 아들의 마음을 짐작해보면 더할 나위 없이 인상 깊은 장면으로 다가온다.

그 다음날 독일군이 떠나고 아버지의 말에 따라 밤새 잘 숨어 있던 아들이 모두가 떠난 수용소에 덩그러니 남는다. 그리고 그때 연합군 탱크 한 대가 수용소 안으로 들어오고 아들 조수아가 이렇게 외친다.

"진짜였어. 아빠 말이 맞았어."

이 영화에서 제목이 왜 '인생은 아름다워'일까를 생각해보는 동시에 '인생은 아름다워'라는 제목으로 다양한 이야기를 나눠볼 수 있다.

"(   ) 인생은 아름다워".

자, 여러분은 (   ) 안에 어떤 단어를 넣고 싶은가?

'그럼에도 불구하고'? '그래서'? '누가 뭐래도'? 혹은 '아직까지는', '살아보니', '나의' 등 여러분만의 단어를 떠올려봐도 좋겠다. 강의 때 개인별로 수식어를 발표하다 보면, 뭉클한 수식어들을 많이 만난다. 한 80세 어르신이 "예전에는 정말 몰랐는데"라는 수식어를 이야기한 적이 있는데 그 말에 담긴 진정성에 모두가 감동한 적이 있다.

그렇다면 이건 어떤가?

"인생은 (   )!"

'아름다워'라는 단어 자리에 나라면 어떤 단어를 대신 적어넣겠는가?

내가 바라보는 인생이 나의 인생이 되는 것이라면 나는 어떤 인생을 살고 싶은가라는 궁극적인 질문을 해주는 영화가 바로 〈인생은 아름다워〉라는 생각이 든다. 영화 자체로도 삶에 대한 많은 영감을 준다. 영화를 보고 나면 내 안에 쌓여 있던 힘든 마음들이 모두 빠져나가는 썰물 같은 영화가 있고, 반대로 내면의 힘을 가득 채워주는 밀물 같은 영화가 있다. 그런데 이 영화는 썰물과 밀물이 동시에, 그러니까 정화가 되면서 한편으로 가득 차오르는 느낌이 동시에 다가온다.

우리는 누구나 자신의 인생에 애정을 보낸다. 애정 표현 중 가장 중요한 것이 자신의 인생을 어떻게 해석하고 어떤 수식어를 붙이느냐다. 왜냐하면 지금 내가 살고 있는 인생은 유일한 나만의 인생이니까.

04

~~~~~~

"진짜 긍정이란
무엇인가?"

~~~~~~

"우주에선 뜻대로 되는 게 아무것도 없어.

어느 순간 모든 게 틀어지고 '이젠 끝이구나.' 하는 순간이 올 거야.

'이렇게 끝나는구나.'

포기하고 죽을 게 아니라면 살려고 노력해야 하지. 그게 전부다.

무작정 시작하는 거야. 하나의 문제를 해결하고

다음 문제를 해결하고 그 다음 문제도….

그러다 보면 살아서 돌아오게 된다."

표류 영화는 아주 다양하다. '표류'란 "어떤 목적이나 방향을 잃고 헤맴, 또는 일정한 원칙이나 주관이 없이 이리저리 흔들림"이란 뜻인데 이런 뜻을 잘 헤아려보면 표류 영화가 지향하는 바는 아주 뚜렷하다고 볼 수 있다. 표류라는 은유를 통해 정확한 목적지, 그리고 인생의 중심을 찾아가는 과정을 보여주고자 하는 것이다.

표류 영화에서는 무언가를 찾기 위해 헤매고 방황하고 혼란을 겪고 좌절하고 희망을 갖는 과정에서 자신이 찾고자 했던 것이 무엇인지 깨닫기도 하고 그 과정 자체가 인생에서 큰 의미로 다가오기도 한다.

표류가 도착하고자 하는 곳은 어디인가?

표류 영화는 대개 방황을 다룬 것과 방랑을 다룬 것으로 나눠볼 수 있는데 방황은 "이리저리 헤매어 돌아다님. 분명한 방향이나 목표를 정하지 못하고 갈팡질팡함."이란 뜻을, 방랑은 "정한 곳 없이 이리저리 떠돌아다님."이란 뜻을 지닌다. 뜻을 반영해보자면 방황은 내가 원하지 않지만 무언가를 찾지 못해서 헤매는 것을 말하고, 방랑은 내가 원해서 하는 것이며 헤매는 것 자체가 목적이 되는 것이라고 할 수 있다.

표류 영화는 이 두 가지 중 방황에 가깝지만 방랑의 성격을 띠기도 하는데 로드 무비가 여기에 속한다고 할 수 있다.

대표적인 표류 영화로 톰 행크스 주연의 〈캐스트 어웨이〉, 이안 감독의 〈라이프 오브 파이〉가 있고, 개인적으로 추천하고 싶은 표류 영화는 우리나라 영화 〈김씨 표류기〉다. 엄청난 흥행을 거두지는 못했지만 "후 아 유?(Who Are You?)"를 통해 '우리는 누군가가 당신이 누구인지 물어주지 않아서 내가 누구라고 말할 수가 없다'라는 의미를 전달하는 아주 좋은 영화다.(정말 꼭 한번 보기를 추천한다. 특히 배우 정재영이 연기하는 주인공이 물에 떠밀려온 짜장라면의 스프를 주우면서 짜장면을 먹기 위해 옥수수를 키워서 만들어 먹는 장면은 웃기면서도 눈물이 난다.) 이 영화 역시 나의 정체성을 모르거나 잃거나 거부하고, 외롭게 헤매기도 하고 스스로 가두기도 하는 현 시대 사람들의 모습을 아주 잘 표현한 영화라고 할 수 있다.

이제 〈마션〉으로 고개를 돌려보자. 〈마션〉은 무인도, 바다를 넘어 화성으로 표류되는 내용이다. 화성이란 어떤 곳인가? 화성에는 산소가 없고 식물이 자랄 수 없어서 인간이 살아갈 수 없다. 그런 화성에 주인공 홀로 남겨지게 된다. 이 거대한 스케일의 표류 영화는 다른 표류 영화와는 다른 메시지를 담고 있다고 여겨진다. 자신을 찾아가고 인생의 주관을 찾는 영화라기보다는 다른 메시지를 더 강력하게 전달하고 있기에 다른 표류 영화와는 달리 극을 이끌어가는 방식 또한 독특하다.

특히 두 부분에서 두드러진 차이를 보이는데, 하나는 3일째, 10일째, 120일째, 800일째, 이런 식으로 주인공의 일상을 그날그날 보여주는 것이다. 표류된 한 사람이 일상에서 어떤 시도를 하고 어떻게 삶을 꾸려나가는지를 보여주는 것에 초점을 두고 있다. 말 그대로 어떻게 '살아가고' 있는지를 알려주는 것이다.

또 하나는 주인공의 감정을 최소화해서 보여준다는 점이다. 홀로 표류됐고 심지어 그곳이 화성이며 언제 죽을지 모르는데 주인공 마크의 감정은 많이 드러나지 않는다. 게다가 감정과 연결될 수 있는 가족이나 애인 등은 아예 등장하지도 않는다. 잠깐만 상상해봐도 화성에 홀로 표류되었다면 반드시 느끼고도 남을 오열과 좌절, 절망감, 슬프고 고된 감정들이 드러나지 않는다는 것은 주목할 만하다. 혹시 영화를 보면서 궁금하지 않았는가? 주인공 마크에게 가족은 없는지, 결혼은 했는지, 애인도 없는지(나처럼 궁금해한 사람이 분명 있을 것이다).

그렇다면 이 두 가지는 각각 어떤 의미를 지닐까?

먼저 ○○일째, 이런 식으로 주인공이 화성에서 살아가는 일상을 보여주는 장면에 대한 이야기를 나눠보려고 한다. 영화는 오늘 당장 죽는다고 해도 이상할 것이 없는(화성에서 살아간다는 것이 더 이상한) 주인공이 물을 만들어내고 식물을 심고 키우며 하루하루 더 멀리까지 날아가 보는 일과를 마치 다큐멘터리처럼 나열하듯이 보여준다.

이 장면을 보면서 '과학적으로 저게 가능해?'라는 의문이 들지만 여기에서는 그러한 질문은 제쳐두고 이런 제안을 해보고 싶다. '마션', 화성인을 지구인으로 바꿔보자고. 화성에 표류된 주인공뿐만 아니라 지구에 사는 우리 역시 이렇게 하루하루를 살아가고 있다. 식량을 구비하고, 하루하루 더 나아가보고, 몹시 신났다가 몹시 좌절하기도 하고···. 주인공의 여정 전체가 그냥 '삶' 그 자체라고 할 수 있다. 그러니 화성에 표류된 마크는 그냥 우리의 모습을 은유적으로 보여주는 대상일 수 있다. 화성에 표류되어 매일매일 '살아남고' 있는 모습을 나열하면서 우리가 삶을 살아가는 모습 그 자체를 보여주는 것이다.

그래서 〈마션〉은 과학 영화, 우주 영화라기보다는 삶에 대한 이야기에 가깝다고 말하고 싶다. 물론 이 영화는 나사(NASA)의 검증을 철저하게 받았다고 한다. 촬영은 70일 정도밖에 걸리지 않았는데 나사의 과학적 검증에 1년 6개월이 걸렸다고 하니 어느 정도인지 알 만하다. 그래서 이 영화를 철저한 과학 영화로 보는 것에도 찬성한다. 다만 다른 한편으로 삶의 지평을 넓히는 차원의 은유 발견으로 시선을 돌려본 것이니 그 시선에 함께해주기를 바란다.

지구에서 사는 우리도 매일매일 산소가 필요하고 식량이 모자랄까 봐 대비를 해야 하고 언제 죽을지 모른다. 그럼에도 살아내야 한다. 화성에서의 삶은 지구에서의 삶을 반영하는 것이다. 그런데 이 과정을 주인공은 혼자서 감당하고 있고 화성에는 오직 자신의 생존을 책임질 수 있는 사람이 자신밖에 없으며 상황이 어떻게 바뀔지 전혀 예측할 수 없다. 순식간에 이 모든 것이 끝나버릴 수 있다. 정말 끝! 그럼에도 주인공은 영화 내내 밝고 유쾌하며 성취감을 느끼고 심지어 즐거워 보인다.

영화 〈캐스트 어웨이〉는 홀로 표류된 섬에서 살아가면서 느끼는 온갖 고독과 외로움 그리고 격정적인 불안과 답답함과 희망과 희열 등 많은 것들을 잘 보여준다. 그 끝에 탄생된 존재가 바로 배구공 친구 '윌슨'이다. 〈캐스트 어웨이〉가 '아, 무인도에 표류되면 나도 저럴 수 있겠다.'라는 시각을 보여준다면 〈마션〉은 '나는 도저히 저렇게 못해내겠다.' 하는 생각이 들게 한다. 우주 영화에서 꼭 나오는 가족과의 화상 통화 하나 없는 것처럼 감정 드러내기를 최대한 배제해 주인공 마크가 살아남느냐 살아남지 못하느냐에 더 많은 할애를 한 것처럼 보인다.

주인공은 왜 살아 돌아와야만 했나?

이제 영화는 주인공이 구출되느냐 구출되지 못하고 화성에서 죽느냐로 몰입된다. 상황은 점점 더 안 좋아져서 식량 보급선을 보내는 것에도 어려움을 겪고 무엇보다 주인공 마크의 자부심이었던 화성에서의 첫 식물 지배자로서의 영광이 작은 폭발사고로 인해 순식간에 날아가 버린다. 그렇게 남아 있는 식량으로 버티며 3년에 가까운 세월이 흐르고 마크는 동료들에게 구출될 수 있는 단 한 번의 조우를 기다리고 있다.

화성에서 모든 것을 총동원해서 화성 밖, 즉 우주로 나온 마크와 동료들의 우주선이 만나는 가슴 졸이는 상황으로 모든 관심은 집중된다. 거리가 멀어서 만나기 어려운 마지막 상황에 마크는 우주복에 구멍을 뚫는 무모한 선택을 하고 그 힘으로 나아가 마침내 대장과 어렵게 만나게 된다.

여기에서 우주복을 뚫는 '무모한 선택'이라고 표현했지만 어쩌면 이는 무척이나 어긋난 표현이다. 만약 동료들과 만나지 못하면 그 우주복은 잠깐의 생명 연장을 위한 산소 공급 도구에 지나지 않을 테니까 말이다. 어쩌면 우리 중 누구라도 그렇게 했을지 모른다. 우주복에 구멍을 낸 마크가 마치 슈퍼맨처럼(영화에서는 아이언맨이라고 표현함) 한 손을 뻗고 한 방향으로 온 힘을 다해 유영하는 모습은 슈퍼맨을 흉내 낸 우스운 자세라기보다는 저 앞에 보이는 삶에 닿고자 하는 간곡한 열망의 표현이었는지도 모르겠다.

슈퍼맨 포즈로 날아서 마침내 로프를 잡는 장면, 생명의 줄이었던 주황색 로프와 두 사람이 우주 공간에 엉켜서 유영하는 장면은 시각적으로 아주 아름답게 묘사되는데 둘 사이는 그 생명의 줄로 연결되어 있음을 표현하고 있다. 구출이 될까 말까 한, 손에 땀을 쥐게 하는 그 아슬아슬한 상황에서 그 장면을 아름답게 연출하려고 했다고 감독은 말한다. 삶이란 멀리서 보면 마치 한 폭의 그림처럼 그토록 아름다운 것이라고 말하려는 건지도 모르겠다(여기에서 '삶'은 명사로서의 삶이 아니라, '살아감'을 말하는 동사로서의 삶이다).

그리고 또 하나의 장면, 마크가 구출되자 전 세계가 기뻐하는데 미국뿐만 아니라 중국을 비롯한 전 세계가 이 한 사람의 생명을 환대하고 행복해한다.

혹시 여러분은 영화를 보면서 이 장면을 어떻게 받아들였는가? 지구로 도착하는 단 하나의 생명을 온 지구가 환영하고 기뻐하는 것이 어떻게 받아들여졌는가? 만약 그 도착하는 사람이 나라면 어떨까? 나의 생명을 온 지구가 환영하고 기뻐한다면 내 기분은 어떨까?

"한 사람의 생명을 기뻐한다는 것은 무슨 의미일까? 진정한 축복이란 무엇일까?"

이것은 단지 환영과 기쁨, 행복이라는 감정의 문제만이 아니다. 생명의 본질은 환영받고 경이로움으로 받아들여지는 것이다. 누군가의 탄생을 기쁘게 축하하고 누군가의 죽음을 슬퍼하는 것이 생명을 지닌 이들에 대한 '예의'인 것이다.

개인적으로 이 영화를 보면서 단 한 생명을 살리기 위해서 모두가 온 힘을 다하는 것에 그것이 직유이든 은유이든 아주 묵직하게 마음이 뭉클했던 기억이 난다.

진정한 긍정이란 무엇인가?

자, 모두의 염원대로 이제 마크도 살아 돌아왔으니 '긍정'이라는 단어로 관심을 돌려보자.

여러분은 혹시 '긍정'이라는 단어를 좋아하는가? '긍정'이라는 단어를 어디에서 어떻게 접하는가? 성공한 사람들에게 성공의 비결을 물어보면 "긍정적인 마음"이라는 말을 꼭 빼놓지 않는다. 그렇다면 '긍정'의 참뜻은 무엇일까?

이 영화를 통해 나누고 싶은 가장 핵심적인 질문은 "진짜 긍정이란 무엇인가?"인데, 그냥 긍정이 아니라 '진짜 긍정'의 의미에 대해 같이 이야기 나누고 싶다.

영화에서 주인공 마크는 화성에서도 줄곧 밝고 희망적인 모습을 보여준다. 화성에 혼자 남은 사람이라고 도저히 짐작하기 어려울 정도로 밝고 유쾌하며 유머러스하다. 많은 관객들이 '나라면 저럴 수 있을까?' 하는 생각이 들게끔 하는 모습이다. 물론 어떤 이들은 더 밝을 수 있을지도 모르겠다(혹은 정신이 반쯤 나가서 너무 밝거나).

게다가 유일하게 남아 있는 음악이 멜리사 대장의 디스코 음악이다. 그래서 화성에서 마크가 나오는 장면에서 (마크가 틀어놓을 수 있는 유일한 음악이기 때문에) 디스코 음악이 배경음악으로 흐르는 경우가 많다. 마크는 구출돼서 대장을 마주하자마자 "대장은 음악 취향이 너무 끔찍해요."라고 말한다. 그 많은 음악 장르 중에 왜 하필 디스코 음악이 남았을까? 대장의 음악 취향을 끊임없이 (혼자) 비난하지만 마크는 그 음악 때문에 얼마나 많은 위로를 받았을까.

그런데 과연 이런 것들이 진짜 긍정일까? 상황이 암울하고 고난에 맞닥뜨렸지만 그럼에도 밝고 유쾌하고 유머러스한 것? 언제 죽을지 모르지만 그럼에도 디스코 음악을 들으며 박자를 맞추는 것?

우리는 흔히 긍정적인 생각을 한다고 하면 뭔가 힘든 마음이 들 때 그 마음을 애써 누르거나 좋은 마음으로 바꾸는 것을 떠올린다. 그래서 마음이 슬퍼질 때 "아니야, 나는 슬프지 않아. 외로워도 슬퍼도 울지 않아. 난 즐거워." 하면서 강인한 표정과 결심으로 스스로의 감정을 바꾸는 것에 몰두한다. 아마도 이렇게 힘든 감정을 얼른 기쁜 감정으로 바꾸는 것이 긍정이라고 배우고 생각해왔을 것이다. 그렇다면 영화에서는 진짜 긍정을 뭐라고 이야기하려는 걸까?

구출된 마크는 지구에서의 삶을 살아간다. 그때 나오는 자막이 "지구 1일째."다. 우주인을 양성하는 프로그램에 교수로 참가하게 된 마크가 수업을 시작한다.

"가장 먼저 궁금해하는 것부터 설명하고 시작하기로 하죠. 내가 살아 돌아왔을 때 가장 많이 받은 질문이 '살아 돌아올 줄 알았느냐'였어요. 아니요, 당연히 죽을 줄 알았죠. 나는 당연히 죽을 줄 알았어요."

여기서 잠깐. 그동안 우리가 알고 있던 긍정에 이 말을 비추어보면 이것은 긍정이 아니다. 긍정이라고 할 수 있으려면 반드시 살아 돌아온다는 희망과 믿음이 있어야 하는데 주인공은 당연히 죽을 줄 알았다고 말하고 있다. 이것은 긍정에 얼마나 반대되는 이야기인가. 죽을 줄 알았다는 건 아주 부정적이고도 극단적인 부정이라고 할 수 있다.

그런데 그 다음 대사를 한번 보자.

"그런데 그냥 눈앞에 있는 문제를 해결하고 또 해결하고 무작정 시작하는 거죠. 그러다 보면 살아서 돌아오게 됩니다."

자, 이제 진짜 긍정이란 무엇인지 이야기 나눠볼 수 있을 것 같다. 이 영화는 이 마지막 대사를 위해 그 기나긴 여정을 걸어왔는지도 모르겠다.

진짜 긍정이란 긍정적인 '생각'도, 긍정적인 '마음'도 아닌 그냥 행동이다. 움직이고 실행하지 않으면서 긍정이라는 것은 없는 것이다. 살 것이라는 희망을 갖고 분명 살 수 있을 거라는 생각을 한다 해도 행동이 뒷받침되지 않으면 아무런 의미가 없다. 그것을 향해 '움직이는 것'이야말로 그 마음이 어떠하냐보다 더 중요한 긍정의 핵심이라고 할 수 있다.

"우주에선 뜻대로 되는 게 아무것도 없어. 어느 순간 모든 게 틀어지고 '이젠 끝이구나.' 하는 순간이 올 거야. '이렇게 끝나는구나.' 포기하고 죽을 게 아니라면 살려고 노력해야 하지. 그게 전부다. 무작정 시작하는 거야. 하나의 문제를 해결하고 다음 문제를 해결하고 그 다음 문제도…. 그러다 보면 살아서 돌아오게 된다."

마크의 이 마지막 대사를 보면 영화 전반에 흘렀던 마크의 밝은 성격, 유머러스함, 장난기, 그리고 대장의 디스코 음악이 한 세트인 것도 같고 혹은 전혀 다른 차원의 것인 것 같기도 하다. 사실 긍정이란 성격과 마음가짐, 분위기가 아니라 오직 행동하는 것에 초점이 맞춰져 있던 거니까.

우리가 살아가면서 긍정적인 생각과 마음을 먹는 것보다 더 중요한 것은 행동으로 옮기는 것이다. '시작하면 잘되겠지, 잘해낼 수 있을 거야.'가 아니라 그냥 시작하는 것. 시작하지 않는다면 희망적인 마음과 생각은 아무 의미가 없다. 물론 긍정적인 마음과 생각이 행동으로 옮길 수 있는 원동력이 되기도 하지만 화성에서처럼 극한의 상황에서 살 것 같은지 죽을 것 같은지는 오히려 사치일 수도 있다. 그러니 그냥 하는 것이다.

이 영화는 화성이라는 극한의 상황에서 하루하루 생존하면서 삶을 대하는 태도에 대해 말하고 있는 것이다.

소설 《마션》이 영화가 되기까지의 과정 역시 참 흥미로운데, 원작소설 작가인 앤디 위어는 컴퓨터 프로그래머라고 한다. 작가가 되고 싶다는 꿈이 있어서 날마다 글을 써서 개인 웹사이트에 올렸고 글이 재미있어 독자층이 생겼다. 그리고 팬들이 연재글을 전자책으로 내 달라고 요청해서 아마존에 전자책으로 올린 것이 유명해져 영화로까지 제작된 것이라고 한다.

앤디 위어는 상상의 나래를 글로 올렸을 뿐인데 이제 어엿한 작가가 되어 앞으로 나올 원고가 미리 계약되는 등 엄청난 대우를 받고 있다. 작가 이야기에서도 '그냥 하는 것의 힘'이 느껴진다.

여러분은 어떤가? 그냥 시작하는 것에 주저하게 되는 이유가 있는가? 끝으로 이런 질문을 하고 싶다.

여러분의 지구 〇〇,〇〇〇일째의 삶은 어떠한가?

배우 송강호 인터뷰
중에서

– 스크린에서 주눅 들어 보일 때가 별로 없어요. 이창동 감독의 〈초록 물고기〉에서 나이트클럽 깡패로 잠깐 출연할 때부터 그랬죠. 일종의 자신감인데, 그런 자신감은 어떻게 생기나요?

"중요한 말씀이에요. 연기라는 게 뭘까? 질문해보면 한 인물에 대한 태도예요. 내가 그 인물을 얼마나 진심으로 대하고 있느냐, 그게 자신감으로 나와요. 외적인 표현보다 본질적인 거죠."

배우들이 '넘사벽'이라고 할 정도로 연기를 잘하는 배우 송강호의 인터뷰 내용이다. '연기'란, 배우가 배역의 인물, 성격, 행동 따위를 표현해내는 일을 말하는데, 이것은 진짜보다는 허구에 가깝다. 그런데도 배우 송강호는 '진심'이라는 단어를 썼다. "그 인물을 얼마나 진심으로 대하고 있느냐, 그것이 자신감이다."

이것은 결국 삶을 대하는 태도, 사람을 대하는 태도, 그 사람을 대하고 있는 나를 대하는 태도로 해석된다. 사람은 자신을 대하는 방식으로 타인을 대한다고 한다. 타인을 연기할 때, 그 인물을 진심으로 이해하고 존중하고 있는 자신의 진심을 발견할 때 (그것을 자신이 알 때) 그것이 자신감으로 작동되는 것 아닐까?

05

〰〰〰〰〰〰〰〰〰〰〰

"영웅들이 두려움을
다루는 방법"

〰〰〰〰〰〰〰〰〰〰〰

"사람들은 이상해. 질서와 혼란을 반대의 개념으로 여기지.

그리고 불가능한 것을 통제하려고 해.

하지만 그들의 실패에는 품위가 있어."

마블 영웅 시리즈 영화에 관심을 갖게 된 것은 아무래도 마블의 영웅물이 대중적으로 크게 인기를 끌면서다. 특히 아이들이 가장 열광하는 영화이기도 하고, 영웅 이야기의 특성상 전통적으로 어떤 메시지를 드러내게 마련이어서 아동 청소년 대상으로 영화 인문학을 진행할 때 적합하다고 생각했다. 그렇게 관심을 갖기 시작해서 파고들다 보니 각 영웅별로 키워드가 다르고 그 안에서 발견할 수 있는 메시지가 아주 잘 정돈되어 있다는 걸 알 수 있었다.

영웅 시리즈 영화에서 딱 보면 드러나는 것들을 아이들과 나누다 보면 아이들의 눈과 질문은 엉뚱하기도 하고 날카롭기도 해서 거기에서 파생되어 나오는 질문과 답변들이 예상치 못하게 깊어지게 된다. 그리고 그러다 보면 영화 얘기가 아니라 인생 얘기를 하게 된다. 그런 경험을 통해 영화는 생각의 입구를 열어주는 조력자로 존재하고 그 너머에는 자신만의 질문과 성찰이 기다리고 있다는 것을 다시한 번 발견하게 된다. 그러던 중에 〈스파이더맨〉에 이어 〈어벤져스2〉라는 아주 팬찮은 인문학 도구를 만나게 되었다.

영웅과 인문학의 콜라보

마블 영웅들의 집합체 '어벤져스'. 1편인 〈어벤져스〉에서는 영웅들이 처음 모이는 자리에서 모두가 우수한 나머지 단합되지 않고 아웅다웅 다투는 모습을 보여준다면, 2편인 〈어벤져스 : 에이지 오브 울트론〉에서는 서로 우정을 쌓은 어벤져스 팀이 가장 강력한 적을 만나게 되는데, 그 적은 바로 자기 자신에 대한 '두려움'이라는 적이다.

이 두려움이라는 적은 지구를 파괴하고 인류를 멸망시키려는 울트론에 의해 시작된다. 하지만 인류를 구해야 할 영웅들에게 가장 강력한 방해물로 작용하며, 영웅들은 인공지능이라는 강력한 울트론 앞에서 전의를 상실하는 모습을 보인다.

모든 영웅 시리즈가 지닌 공통점은 시리즈가 거듭될수록 악당이 강력해진다는 것이다. 1편보다는 2편이, 2편보다는 3편이, 더 강력하고 무시무시하며 절대 무너뜨릴 수 없을 것 같은 악당들이 등장한다. 어벤져스 역시(게다가 영웅들이 모두 모여 있는데 이 영웅들이 힘을 합쳐 활약하려면 웬만한 악당 가지고는 안 된다) 1편에서는 토르 동생 로키가 외계 군단을 끌고 와 지구를 지배하려고 하더니, 2편에서는 잘못 만들어진 인공지능 울트론이 지구를 멸망시키려고 한다. 아마 3편이 나온다면 더 강력한 악당일 거라고 확신한다.(들리는 정보에 따르면 〈어벤져스3〉에는 영웅들이 절대 이길 수 없는 초강력울트라 초특급 강력 악당이 나온다고 한다. 그래도 어떻게든 이기겠지?)

영웅 시리즈에서는 이렇게 외부에 막강한 적이 등장하면서 동시에 내부에 강한 적이 등장하는 경우가 있는데, 어벤져스의 경우 그것이 1편에서는 내부의 갈등과 분열이었고, 2편에서는 각 영웅들이 지닌 '두려움'이다.

그런데 잘 생각해보면 내부의 갈등과 분열보다 두려움이 훨씬 더 강력한 적이라는 것을 알 수 있다. 〈어벤져스1〉에서처럼 내부의 갈등과 분열은 어떤 계기를 통해 동기부여가 되면 서로 힘을 합쳐 해결할 수 있는데, 개인들이 각자 가지고 있는 두려움은 과연 어떻게 해결해야 할까? 아, 이건 정말 아주 골치 아픈 적이다.

여기서 잠깐 〈어벤져스1〉 이야기를 나눠보자면, 앞에서 말한 것처럼 팀원들이 협력하는 데에는 동기부여가 필요하다. 모인 팀원들 모두가 영웅이기 때문에 각자 가지고 있는 능력을 합쳐서 문제를 해결하려고 하지 않고 자기 혼자 충분히 할 수 있다고 주장하기도 하고, 이 문제의 발단이 너라면서 서로의 잘못을 헤집기도 하고, "너 슈트 없으면 아무것도 못 하지?" 같은 말로 서로 취약점을 후벼 파기도 하면서 그야말로 아주 유치한 싸움을 일삼는다. 그때 그들이 속한 단체인 쉴드의 리더, 닉퓨리는 그들이 사랑하는 요원의 죽음(사실은 살아있다는 소문이 파다한)을 빌미로 극적인 상황을 연출한다. 그러면서 "동기부여가 필요했어."라고 말한다. 이 부분은 조직의 단합이나 학급 운영 혹은 힘의 협력에 대한 이야기를 나누기에 좋은 소재다.

아무튼 그리하여 힘을 합쳐 로키의 외계인 군단을 잘 물리친 어벤져스들은 2편 시작 부분을 보면 이제는 아주 능숙하고 자연스럽게 서로를 도와서 지구를 안정적으로 지키는 모습을 보인다. 그런데 엽력 초능력에 노출된 아이언맨이 아직 일어나지는 않았지만 혹시나 일어날지도 모를(두려움의 가장 큰 근원) 앞날을 대비해야겠다는 좋은 의도로 인공지능 울트론을 만들어낸다. 그런데 그 울트론은 인간적인 마음, 즉 인류애가 없고 문제해결 의식만 있어서 문제가 많은 인류를 다 없애버리고 아무것도 없는 토대에서 새로이 시작하는 것이 해결방법이라고 생각한다. 그래서 염력 초능력이 있는 스칼렛 위치로 하여금 방해가 되는 영웅들에게 두려움을 주입하도록 명령한 것이다. 각각의 두려움을 환각으로 경험한 영웅들은 모두 전의를 상실하고 깊은 우울감에 휩싸이게 되는데, 과연 이 내부의 적은 어떻게 해결될까?

영웅에게 두려움이란 무엇인가?

사실 이 '두려움'이라는 단어는 우리 모두에게 큰 영향력을 발휘하는 단어라고 할 수 있다. 자기 자신을 들여다보는 데 이만한 통로가 또 어디 있을까? 그런데 '영웅'과 '두려움', 이 두 단어 사이가 왠지 어색하지 않은가? 영웅에게 두려움이라니! 영웅은 절대 두려움 따위는 없을 것 같은데 이 영화에서는 영웅들의 두려움을 매우 직접적으로 다루고 있다. 세상 무서울 게 없을 것 같은 영웅들은 환각으로 인해 각각 깊은 내면에 가지고 있던 두려움을 생생한 장면으로 목격하게 된다.

각 영웅들의 두려움을 한번 들여다보자. 아이언맨은 희생과 노력이라는 키워드와 맞닿아 있다. 자신의 헌신과 노력이 부족해서 팀원들에게 피해를 줄까 봐 두려워하는 마음이 내재되어 있다. 그래서 그 방어책으로 더 노력해서 가장 강력한 인공지능을 개발한다. 바로 그것이 예상치 않게 인류를 위협하는 울트론의 탄생이다. 이 모든 것이 두려움에서 시작된 것이다.

캡틴 아메리카는 1940년대 제2차 세계대전 때 활약한 군인이다. 냉동인간이었다가 깨어났기 때문에 그때 함께 존재했던 가족, 사랑하는 사람, 상황들이 없다. 그래서 돌아갈 곳이 없다. 공교롭게도 전쟁을 끝내기 위해 싸우는 군인인데 전쟁이 끝나면 돌아갈 곳이 없고 존재 이유가 없어지기에 전쟁이 끝나는 것이 두렵기도 하다. 참 아이러니한 두려움이라 특별한 미션이 없이 그냥 평안한 일상을 보내면 스스로 자괴감에 빠지기도 한다.

블랙 위도우는 스파이 출신 영웅이다. 스파이로 길러졌고 마치 고문 같은 온갖 훈련을 통해 인간애를 버리도록 단련되었다. 그 시절의 두려움, 기억, 외로움, 그리고 스파이이기 때문에 어디에도 떳떳하게 존재할 수 없다는 조바심이 있을 수밖에 없다. 스파이로 키워지고 활동한 기억이 트라우마가 된 경우다.

그런데 여기서 재미있는 점은 북유럽 신화에도 등장하는 이른바 존재의 차원이 다른 신, 토르 또한 두려움 환각에 시달린다는 것이다. 자신이 모두 망쳐버릴까 봐, 신으로서 자신의 세계를 잘못 다스려서 모든 백성이 죽고 망할까 봐 두려워한다. 신이기 때문에 갖는, 자기 자신으로 인해 모든 것이 망쳐질지 모른다는 두려움. 신도 스스로가 괜찮은 신이고 싶은가 보다.

그리고 두려움에 가장 취약한 영웅이자 늘 두려움(화를 내면 자신도 모르는 사이에 변신을 하니 화를 낼까 봐 늘 조바심을 갖고 산다)을 안고 사는 영웅인 헐크는 자신이 변신했을 때 선한 자들과 세상을 파괴할까 봐 두렵다. 그리고 그것이 환각으로 그치는 것이 아니라 현실로 드러나면서 자신이 저지른 파괴에 몹시 괴로워하며 우울감에 빠지게 된다.

이렇듯 뛰어난 초능력과 엄청난 부를 지닌 영웅마저도, 심지어 신인데도 내면에 엄청난 두려움을 갖고 살아가고 있다. 마치 우리 모두가 그렇듯이 말이다. 그리고 보면 두려움은 무언가 엄청나게 가졌다고 없어지는 것이 아닌가 보다. 영웅들도 이토록 나약하게 두려움에 시달린다면 도대체 희망이 없다. 두려움을 이겨내기 위해 도대체 얼마나 노력해야 하나? 어쩌면 아무리 노력해도 절대 없어지지 않을 것만 같다.

두려움이라는 사실적인 환각

우리에게도 각자만의 두려움이 있을 것이다. 어벤져스의 영웅들처럼 만약 누군가가 환각을 심어준다면 가장 민감하게 반응할 나의 두려움은 무엇인가? 그리고 그 두려움을 어떻게 이겨낼 것인가?

'두려움'은 많은 영화에서 다뤄지는 키워드인데, 여기에서 한 영화를 가지고 두려움을 이겨내는 방법을 알려주도록 하겠다. 아주 기가 막힌 방법이니 믿고 따라 해도 좋다.

영화 〈다이버전트〉. 이 영화에서는 인간을 성향별로 다섯 가지 분파로 나누어 그 성향을 강화시키는 철저한 교육과 훈련을 한다. 다섯 개의 분파 중 하나로 결정되면 영원히 그렇게 살아야 하며 그 분파의 일원으로서 최선을 다해야 한다. 여자 주인공 트리스는 그중 한 분파인 전사로 키워지는 분파에 배정된다.

사실 트리스는 다섯 가지 분파 성향을 모두 가지고 있는 '다이버전트'다. 다이버전트는 세상을 변화시키는 존재로서 이 세계에서는 가장 배척되는 대상이다. 질서에 맞게 한 분파에 속해 그것이 전부인 양 살아가야 하는데 다섯 가지 성향 모두를 가지고 있는 사람은 이 질서를 파괴하고 사람들에게 한 가지 성향만이 아니라 모든 성향을 가질 수 있다는 것을 일깨우는 역할을 하니 발견되면 추방당하거나 죽임을 당한다. 그래서 주인공 트리스는 전사 분파인 척하면서 최선을 다해 강도 높은 훈련을 받는다.

어느 날 트리스는 전사로서 특별한 훈련을 받게 되는데 바로 두려움과 싸워서 이기는 훈련이다. 전사들은 약물 주사를 맞고 자신에게 닥쳐오는 두려움의 상황에 맞서 싸워서 이겨야 한다. 그런데 저마다 가지고 있는 두려움이 달라서 싸우는 방법 역시 스스로 터득해야 한다. 주인공 트리스에게 환각으로 나타나는 두려움의 상황은 물과 관련된 것이 많은데 한 예로 물이 차오르는 유리관 속에 갇히는 것이다. 유리관은 밀폐되어 있고 너무도 단단해서 안에서 도저히 깰 수 없으며 물이 아래부터 계속 차오르고 있어서 이내 몸이 전부 물에 잠기고 더 이상 숨을 쉴 수가 없다. 이제 트리스는 전사로서 그 물이 가득한 유리관을 탈출할 방법을 강구해야 하는데 도무지 방법이 없어 보인다.

이때 트리스가 뭔가를 발견한 듯, 갑자기 유리관 벽을 손가락으로 두드리며 "이건 진짜가 아니야."라고 말하자 그 순간 유리관에 균열이 생기더니 이내 유리관 전체가 부서지고, 트리스는 환각에서 깨어난다. 전사 분파 훈련 중 역대로 가장 짧은 시간에 두려움을 이겨낸 트리스는 다이버전트로 의심을 받게 된다.

자, 그러면 이 장면을 함께 살펴보자. 분명 유리관이 아주 단단해서 안에서 발로 차도 끄떡없었는데 손가락을 대고 잠시 생각에 빠지더니 "이건 진짜가 아니야."라고 외치자 유리관이 부서졌다. 이것은 무얼 의미하는 걸까?

그렇다. 여기에서 한 가지 중요한 단어가 있는데 '환각'이라는 단어다. 환각은 실제 존재하지 않는 것을 그렇게 느끼는 것을 말한다. 〈어벤져스〉와 〈다이버전트〉의 공통점이 바로 이 환각 부분인데, 〈어벤져스〉에서는 스칼렛 위치가 염력 초능력을 이용해서 영웅들에게 두려움의 상황들이 눈에 보이는 것처럼 만들고, 〈다이버전트〉에서는 약물을 주입해서 그 상황이 진짜인 것처럼 느끼도록 한다. 주인공 트리스는 이 '사실'을 안 것이다. 두려움이 사실이 아니라는 것, 즉 '두려움이 사실이 아니라는 사실'을 알게 된 것이다. 그래서 두려움의 상황에서 단지 이 두려움이 사실이 아니라는 것만 기억하면 되는 것이었다.

두 영화에서 두려움을 대하는 공통적인 모습은 '이기려고' 하지 않는다는 것이다. 두려움을 이겨내기 위해 온갖 방법을 동원하는 것이 아니라 두려움을 그냥 두려움이구나, 하고 인정하고 그것이 머무는 동안 잠시 기다렸다가 그저 자신들의 일을 해나가는 것이 어벤져스 영웅들의 모습이다. 그리고 〈다이버전트〉에서는 두려움이 진짜가 아니라는 것을 알아차리는 것으로 이를 보여주고 있다.

무엇보다 두려움에서 벗어나기 위해 안달하지 않고 그저 두려움이 나에게 왔다가 가는 그 경로를 가만히 지켜보며 기다리는 방식으로 두려움을 다루고 있는 것이다.

언제부터 영웅이 되는가? 용기와 두려움의 공존에 대하여

이 두려움이라는 키워드는 어벤져스 팀에게 두려움을 심은 스칼렛 위치 자신에게도 역시 해당되는 모양이다. 자신 때문에 인류가 멸망할 위기에 놓인 것을 깨달은 스칼렛은 죄책감에 시달리게 된다. 인공지능 울트론 편에 섰다가 돌아서서 지구를 구하는 데 힘을 보태고자 하지만 자신이 지닌 능력의 최대치를 아직 잘 알지 못하는 신생 초능력자인 데다 자신이 사태를 이렇게 만들었다는 죄책감에 "내 잘못이야."를 반복하며 창고 안에 숨어서 울먹인다. 자신의 잘못 때문이라는 죄책감과 그것을 직면하고 해결할 엄두가 나지 않는 두려움에 휩싸이게 된 것이다. 그때 창고에 같이 피신한 호크아이가 이런 말을 건넨다.

"여기 있으면 안전해. 하지만 나는 나가서 싸울 거야. 그것이 내 일이거든. 너도 같이 싸울 수도 있고 여기 있을 수도 있지. 하지만 너는 이 문을 나서는 순간 어벤져스야."

이 말에 무언가를 깨달은 스칼렛 위치는 용기를 내어 창고 문을 박차고 나간다. 아주 당당하게. 그러고는 자신이 저지른 잘못을 수습하기 위해서 어벤져스 팀과 힘을 합쳐 울트론을 물리치는 데 큰 역할을 한다. 그리고 마침내 어벤져스 팀에 합류해 훈련을 받게 된다.

앞에서 얘기한 것처럼 다른 영웅들이 두려움을 느끼는 것과 자신의 잘못에 대한 죄책감으로 두려움에 떠는 스칼렛 위치가 영웅으로 탄생하는 과정을 통해 더 깊은 이야기를 나눌 수 있다.

과연 영웅에게 두려움이란 무엇인가? 어쩌면 이 질문에서 가장 연관이 없어 보이던 영웅이란 단어와 두려움이란 단어가 어떤 연관관계를 갖는지 발견할 수 있을 것이다. 두려움은 마치 가져서는 안 되는 감정 같다. 흔히 두려움을 갖지 않으려고 애쓰고 그 감정을 무시한다. 두려움이라는 감정을 가지면 나약한 것 같아 부끄러워한다. 특히 두려움을 갖는 한 절대 영웅이 되지 못할 것만 같다.

어쩌면 〈어벤져스〉의 영웅들처럼 두려움을 가지고 있되 그것을 가진 채 세상으로 문을 열고 나가는 것, 두려움 때문에 가만히 있는 것이 아니라 두려움을 가진 채로 맞서는 것이 영웅의 모습 아닐까?

언제부터 영웅이 되는가? 세상을 구할 때, 큰 성과를 낼 때, 혹은 시작을 위해 문을 나설 때? 그러니까 두려움이 있지만 그럼에도 문을 나서는 그 용기를 내는 순간부터 영웅이 되는 것 아닐까?

〈어벤져스〉에서 스칼렛 위치에게 깨달음을 주는 인물이 바로 호크아이인데, 이 부분도 여러 가지로 생각해볼 수 있다. 그 많은 영웅들 중에 왜 호크아이일까? 어벤져스 팀에서 능력치 레벨로 따지면 가장 레벨이 낮은 인물이 호크아이인데 말이다.

여기서 무척 흥미로운 것이 하나 있는데 바로 스칼렛 위치의 능력치 레벨이다. 염력을 초능력으로 가지고 있는데 그 능력의 한계를 아직 본인도 알지 못한다고 한다. 원작에 따르면 토르와 헐크 정도보다 높은 상위 레벨인 인물인데 그 인물을 자각시키는 인물이 바로 가장 낮은 레벨의 호크아이인 것이다.

이러한 구조 또한 생각해볼 만한 요소다. 강력한 능력을 가진 인물을 일깨우는 인물이 가장 능력이 약한 인물이라는 것은 어떤 의미일까? 이 부분과 관련해 선생님들의 역할이 어쩌면 이런 것이 아닐까 하는 얘기를 나눈 적이 있다. 자신이 가진 능력은 한계가 있을지 모르지만 다른 사람의 능력을 깨워주는 힘은 무한할지도 모른다고. 어쩌면 그것이 진정한 영웅의 능력일지도 모르겠다.

영화 인문학은 영화의 장면을 통해 나와 연결된 키워드를 발견하는 것이다. 그리고 영화 내내 흐르는 그 키워드를 어떻게 해석할지 내가 선택하는 것이다. 바로 질문과 성찰을 통해서. 그리고 그 질문과 성찰은 곧 나 자신에게 다가오게 된다.

〈어벤져스2〉 역시 많은 영웅들의 두려움과 용기를 통해 나에게 말을 건네고 있다. 나에게 두려움은 어떤 존재인지, 나는 두려움을 어떻게 다루고 있는지, 나는 두려움 그 자체를 두려워하고 있는 것은 아닌지, 그리고 그 두려움 때문에 못 하고 있는 것은 무엇인지.

06

"스크루지는 무엇에
인색했을까?"

"미래는 결정된 건가요, 아니면 바꿀 수 있나요?
삶엔 다 결말이 예견돼 있지만 삶이 바뀌면 결말도 바뀌지 않나요?
앞으론 일 년 내내 크리스마스를 기리면서 살게요.
과거, 현재, 미래의 교훈을 명심할게요."

영화 인문학 강의 초청을 받을 때 종종 아주 인상 깊은 주제를 만나곤 한다. 기획의도에 따라 영화를 선정하거나 주제에 맞추어 강의를 진행하게 되는데 그 해의 도서관 테마가 '크리스마스'라는 것이다. 행복, 운명, 인생, 지금 등 다양한 주제를 만났지만 '크리스마스'는 처음이라 기억에 많이 남는다.

크리스마스 하면 무엇이 떠오르는가? 크리스마스는 어떤 날인가?

저마다 많은 기억과 이미지가 있겠지만 보통 크리스마스 하면 세계적인 기념일로 '즐겁고 기쁘고 행복한'이라는 수식어를 연상하며 사람들과 온정을 나누고 가족들과 화목한 시간을 보내는 이미지를 떠올리곤 한다. 그래서인지 크리스마스 앞에는 항상 '메리(merry)'가 붙는다.

"메리 크리스마스(Merry Christmas)." 누군가에게 카드를 쓰면서 이 영어를 써본 기억이 다들 있을 것이다. 이 영화는 바로 이 '메리 크리스마스'에 대한 이야기다.

〈크리스마스 캐롤〉은 배우 짐 캐리의 영화라고 해도 지나친 말이 아니다. 왜냐하면 주인공 스크루지의 목소리뿐만 아니라 과거, 현재, 미래의 혼령 목소리까지 모조리 맡아 연기했기 때문이다. 거의 영화 전반에 걸쳐 짐 캐리가 목소리로 많은 것들을 전달하고 있다.

스크루지는 무엇에 인색했을까?

영화는 우리가 많이 접해온, 구두쇠계에서 단연코 선두주자이자 유명인사인 스크루지 이야기를 바탕으로 진행되며 원작인 찰스 디킨스의《크리스마스 캐럴*A Christmas Carol*》에 충실하게 만들어졌다.

흔히 동화로 접하는 스크루지 이야기는 대개 인색한 구두쇠에 초점이 맞춰져 있어서 인색하게 살면 안 되고 이웃과 함께 나누며 살아야 한다는 교훈을 전한다. 하지만 이 영화는 크리스마스에 초점을 맞추고 인생 전반에 걸쳐 중요한 것이 무엇인가를 생각하게 해주는 시간을 내어주고 있다.

스크루지는 마을에서 아주 소문난 냉정하고 인색한 구두쇠로, 돈밖에 모르고 사람들을 향해 웃어줄 줄도 모르며 함께 일하는 유일한 직원에게마저 야박한 월급을 주는 인물이다. 마을에서는 스크루지를 좋아하거나 따르는 사람이 없고 지나가고 나면 손가락질을 하는 등 평판이 아주 안 좋다.

영화 초반에 스크루지가 돈과 사람을 어떻게 대하는지를 나열하듯 보여주는데 마치 세상으로부터 문을 닫아걸고 사는 사람처럼 보인다. 그 누구에게도 마음을 주는 일이 없으며 마주치는 사람들을 향해 "멍청이", "문제아들"이라는 말을 내뱉는다. 그리고 무엇보다 가난을 지긋지긋하게 싫어해서 가난한 아이들이 지나가면 경멸하듯이 쳐다보고 곁에 있는 그 누구에게도 웃음을 짓거나 다정한 말 한마디 건네는 법이 없다. 말 그대로 구두쇠 할아버지.

구두쇠란 돈이나 재물 따위를 쓰는 데에 몹시 인색한 사람을 말하는데, 가만히 들여다보면 스크루지는 돈과 재물 쓰는 데에만 인색한 것이 아니다. 돈은 인색하게 쓰더라도 사람들에게 다정할 수 있고 웃음을 지을 수도 있는데 스크루지는 사람들과 세상을 향해 모든 것이 인색하다.

돈은 말할 것도 없고 특히 그 표정과 눈빛은 절대 마주치고 싶지 않을 정도다. 크리스마스를 앞두고 거리에는 노래 부르는 사람들과 크리스마스 음식을 준비하는 사람들로 넘쳐난다. 거리 전체가 들뜨고 설레고 활기가 넘치는데 그 사이를 얼음처럼 차갑고 매서우며 음울한 기운을 지닌 한 사람이 지나가는 장면을 상상해보라. 그 사람이 지나가는 동안에는 노래가 잠시 멈추고 활기가 당황하며 더 추운 것 같은 느낌이 들지도 모르겠다.

여기에서 '인색'이라는 단어에 대해 좀 더 깊이 생각해보자.

스크루지는 무엇에 인색했나? 돈인 건 분명한데 돈만은 아니다. 나는 주위에서 아주 다정하고 친절하며 웃음이 많은 짠돌이, 절약왕들을 종종 본다. 그 사람들은 절대 나빠 보이지 않는다. 돈을 모으기 위해 애쓰는 성실하고 근면한 모습이 오히려 좋아 보인다.

스크루지가 인색한 것은 웃음, 미소, 말, 손짓, 눈빛, 포옹 등 세상과 사람들을 향한 자신의 '마음'이라고 통합하여 말해도 좋을 것이다. 특히 웃음은 도통 찾아볼 수가 없는데 혼자 있을 때에도 작은 미소조차 짓지 않는다. 이 '웃음'이라는 키워드는 영화 전체를 관통하는 아주 중요한 단어임을 기억해주기 바란다.

스크루지는 크리스마스도 싫다. 도대체 그게 무슨 의미라고, 도대체 그게 무슨 날이라고.

인색한 특성 때문에 항상 불을 최소한으로 켜놓고 난방은 당연히 생각지도 않으니 스크루지가 머무는 곳은 유독 어둡고 춥다. 이것은 어쩌면 스크루지의 마음을 반영하는 건지도 모른다. 세상을 향한 춥고 어두운 그의 마음 안. 그는 그렇게 인색한 '마음'을 가지고 있다.

이 인색이라는 단어와 나 자신은 거리가 멀다고 생각할 수 있지만 가만히 생각해보면 우리에게도 인색한 그 무언가가 있을 가능성이 있다. 사람은 자기 자신을 대하는 방식으로 사람들을 대하게 되어 있다고 한다. 나는 과연 무엇에 인색한가? 돈? 미소? 다정함? 내가 하고 싶은 일? 감정을 전하는 것? 다른 사람을 향한 칭찬과 인정? 포옹? 시간을 내주는 일? 아니면 내 삶에 인색하지는 않은가?

스크루지는 모든 것에 인색(정말 넉넉한 것은 찾아보려야 찾아볼 수가 없다. 욕심 정도?)한 대표 주자로서 우리에게 "내가 인색한 것 중 너는 무엇이니?"라고 묻고 있는 것만 같다.

강의 때 '무엇에 인색한가'를 물어보면 어른들의 경우 가장 많이 하는 대답이 웃음과 칭찬이다. 이것이 인색하다고 대답하는 가장 큰 이유는 그것을 넉넉하게 하고 싶은데 스스로 잘 못 하고 있다고 생각하기 때문일 것이다. 아이들의 경우 친구와 관련된 답이 많은데, 친구에게 좋은 말 하는 것 혹은 친구랑 친하게 지내는 것, 친구에게 뭔가 빌려주는 것, 우정 등의 답변이 많다.

이 질문이 자기 자신을 들여다보는 데 아주 괜찮은 질문이라고 생각되는 것은 스스로 인색하다고 생각하는 기준이 모두 다를 것이기 때문이다. 그 기준에서 내가 인색하다고 생각되는 것과 반대로 풍요롭다고 생각되는 것은 무엇인지 떠올려보면 좋겠다. 한 대학교에서 진행한 시민특강에서 한 어르신이 "나는 그동안 감사하는 마음이 없었는데 이제 그걸 갖고 싶어."라고 툭 내뱉은 말이 아직도 강하게 기억에 남는다.

현재의 키워드, 웃음

자, 이제 혼령들이 나타날 시간이다. 각 혼령들이 보여주는 것들은 의미가 있으니 기대해도 좋다. 크리스마스 전날, 그러니까 크리스마스이브의 밤 모두가 들떠 있는 그 시각에 스크루지는 세 명의 특별한 손님을 맞이한다. 과거 혼령, 현재 혼령, 미래 혼령. 그들은 스크루지에게 무언가를 보여주기 위해 나타나는데, 혼령들은 스크루지가 지금처럼 인색하게 된 이유를 설명해주고 현재의 모습을 제대로 볼 수 있도록 해주며 미래로 나아가는 변화를 맞이할 기회를 준다.

먼저 과거 혼령이다. 모두가 짐작하듯이 과거 혼령은 스크루지를 어린 시절의 모습을 볼 수 있는 고향과 학교, 아주 젊은 시절의 풋풋한 그에게로 데려간다. 스크루지는 고향을 보면서 무척 반가워하고 즐거워하는데 자신이 다닌 학교 앞에서는 침울한 표정을 짓는다. 그 학교 안에는 한 아이가 홀로 외로이 허공을 바라보며 노래를 부르고 있기 때문이다. 그리고 좀 더 자라서 여동생과 대화하는 장면에서는 아버지 이야기가 나온다. "아버지가 오빠 집에 돌아와도 괜찮다고 하셨어."라고. 이 두 장면만으로 유추해보건대, 스크루지는 어릴 적에 외롭고 힘든 시절을 보낸 것 같다. 친구들에게 따돌림을 당하고 아버지에게 쫓겨나기도 하는 등 결코 평탄하다고 할 수 없는 어린 시절을 보낸 것이다. 스크루지는 아직은 밝고 활기찬 모습이 남아 있는 청년 시절로 이동하는데 크리스마스에 들떠 있는 모습이다. 이 장면을 통해 스크루지가 어릴 적부터 혹은 태어날 때부터 인색하고 인상 팍 쓰고 다닌 인물은 아니었음을 알 수 있다. 그리고 그에게는 사랑하는 여인도 있었는데 크리스마스이브에 모두가 춤추고 있는 상황에서 눈을 마주친 두 사람이 서로에게 반하면서 둘만의 음악과 시간이 펼쳐지는 장면은 묘사가 굉장히 훌륭한 부분이다.

정말 아름다운 사랑하는 두 사람 너머로 보이는 지금의 스크루지는 차마 고개를 들지 못하고 어딘가 몹시 불편한 모습이다. 장면이 바뀌고 아까와는 다른 분위기에서 두 사람이 대화를 나누고 있다.

"당신은 나보다 더 사랑하는 무언가가 생겼어요. 바로 돈이죠."

"당신은 영혼이 변했어요."

이런 말을 하며 이별을 고하는 여자. 그리고 떠나려는 그녀에게 항변을 하는 젊은 스크루지.

"내가 가장 두려운 것은 가난뱅이로 살다가 죽는 거요. 정직하게 돈 버는 게 뭐가 잘못됐다는 거요?"

그러자 여자는 이렇게 말하며 그 자리를 떠난다.

"당신은 세상을 너무 두려워해요."

여기에서 스크루지가 왜 그렇게 변했는지 어느 정도 이해가 되는데, 스크루지가 인색 안에 자신을 가두게 된 가장 큰 이유는 바로 세상에 대한 두려움이었다. 가난뱅이로 사는 것이 두려워서 돈을 악착같이 벌다 보니 마음이 가난뱅이가 되어 있었고, 세상이 두려워서 마음을 닫고 살다 보니 자신이 가장 외로워진 것이다. 우리가 상처받는 것이 두려워 사람들을 먼저 거부하면 결국 가장 외로워지는 것은 자신이다. 외부로부터 안전하려고 벽을 쌓기 시작했는데 결국 그 벽 안에 혼자 갇히는 꼴이다. 스크루지의 과거는 두려움을 더욱 두렵게, 외로움을 더 외롭게 하는 식으로 흘러왔음을 확인할 수 있는 장면들이다. 어떤가? 마음이 이해가 가는가? 연민이 느껴지는가? 사람들은 뭐라고 정확히 표현할 수는 없지만 자신이 지닌 아프고 두려운 것들로부터 도망치려 한다. 하지만 그것이 결국엔 가장 외롭고 아프고 두려운 것 안으로 스스로 걸어 들어가는 꼴이 되고 만다. 인간이 가장 아프고 두려운 것은 외로움일 텐데 그 안에 자신을 가둬버리고 마는 것이다.

스크루지는 외친다.

"난 여기서 나가고 싶어."

직면하기 두려운, 그리고 지금의 자신을 만든 것 같은 과거로부터 도망가고 싶어 한다. 사실은 따스하고 아름답던 과거가 두려움이라는 감정에 사로잡히면서 어둡고 외로운 지금으로 변하게 된 것이다. 스크루지의 과거는 두려움이었다.

이제 현재의 혼령을 만날 차례다. 어디선가 웃음소리가 들린다. 멈추지도 않고 쉼도 없는, 그리고 이유도 없는 커다란 웃음소리가 끝없이 이어진다. 크리스마스트리 위에 앉아 있는 현재의 혼령은 스크루지를 초대하며 "나와 친하게 지내보자."라고 말을 건넨다.

나의 현재는 나에게 끊임없이 이런 말을 건네고 있는지도 모른다. 우리에게 들을 귀가 없어서 못 들을 뿐이지 늘 말을 건다. 나와 친하게 지내보자고. 내가 자꾸 과거와 미래와만 친하게 지내려고 해서 그러는지, 자신의 애정을 도통 받아주질 않아서 그러는지 모르겠지만 아무튼 현재는 말을 건다. "나와 친하게 지내보자꾸나."라고.

현재 혼령은 스크루지의 현재를 보여주는데 여기에는 몇 가지 중요한 장치가 있다. 먼저 현재 혼령은 스크루지가 살고 있는 마을을 하늘 위에서 보여주는데, 배경음악으로 크리스마스 대표 캐럴이 흘러나온다. 그리고 혼령은 여전히 웃고 있다.

자신이 살고 있는 마을을 위에서 내려다보며 마치 하늘 위를 날듯이 곳곳을 둘러보던 스크루지는 그가 한 말이라고는 믿을 수 없는 한마디를 한다.

"아름답군요."

분명 그 마을은 스크루지가 살고 있는 마을이고 매일 지나다니는 마을이며 이웃 사람들이 살고 있는 마을이다. 눈싸움을 하는 아이들 사이를 분명 지나갔을 테고 그 아이들을 향해 "아름답구나."라는 말을 건네기는커녕 "쓸데없는 것들"이라고 내뱉었을 가능성이 짙다. 그런데 이제 하늘에서 마을을 바라보니 마을은 온통 아름답기만 하다.

왜 위에서 바라본 마을이 아름답게 보였을지 같이 추리해보자. 평소엔 그렇게 인상 쓰게 하던 그 마을이 왜 아름답게 보였을까?

우리가 산 위에서 풍경을 바라볼 때, 비행기를 타고 올라가면서 아래를 내려다볼 때, 약간 떨어져서 전체를 볼 때 혹은 하나님의 눈으로 세상을 바라볼 때 그것들은 분명 아름다움 그 자체일 것이다. 어디에서 보면 아름답지 않은 것들이 다른 어딘가에서 보면 아름답다. 멀리서 보는 것만이 아니라 마음의 눈으로 전체를 조망할 수 있다면 그것들은 분명 아름다울 것이다. 다만 지금 맞닥뜨린 것들이 너무 많아서 그 아름다움을 느낄 새도 없이 분주하게 흘러갈 뿐이다. 우주에서 보면 지구가 정말 아름답고, 산 위에서 보는 풍경은 예술이며, 카페에서 내다본 창밖에 지나가는 사람들도 모두 아름다운 풍경이다. 나도 그 풍경 안에 있는 한 사람일 것이다.

현재 혼령은 이것을 스크루지에게 보여주며 이렇게 말하고 있는 것이다. 네가 얼마나 아름다운 곳에서 살고 있는지 제대로 보라고. 그러면서도 현재 혼령은 끊임없이 웃는다. 도대체 왜 웃는지 모르겠는데 계속 웃고 있어서 나중에는 영화를 보면서 나도 모르게 따라 웃게 된다. 그리고 스크루지의 유일한 직원인 밥의 집에 갔을 때 가난 속에서도 단란한 가족들의 모습을 보면서도 전혀 웃지 않는 스크루지의 정수리를 현재 혼령이 쿵 때리는 장면이 있다. 마치 '어떻게 저걸 보고도 안 웃을 수가 있어?'라고 말하는 듯이.

현재를 관통하는 여러 키워드가 있지만 '웃음'이라고 강조하고 싶다. 우리가 현재를 살면서 가장 중요한 것은 무엇일까? 아니 가장 필요한 것은 무엇일까? 사실 대부분의 것들이, 아니 모든 것이 현재에 할 수 있는 것이지만 웃는 것은 특히 지금만 할 수 있다. 지금을 웃는 것, 지금이라서 웃는 것, 지금 웃는 것.

그래서 과거, 현재, 미래 혼령들을 만나고 하룻밤 새 모든 것이 변해버린 스크루지가 가장 많이 하는 것이 바로 웃는 거다. 마치 현재 혼령의 모습처럼 끊임없이 웃는다. 하, 하, 하!

왜 사람들은 날(D-day) 잡아서 행복하려고 하나?

이제 미래 혼령을 만나러 갈 시간이다. 이 미래 혼령은 여태까지 혼령들과는 다른 모습을 보이는데 그림자 같은 까만 형체만 있는 데 다 도대체 아무 말이 없다. 그냥 무섭고 공포스럽고 압도된다. 그리고 이제 스크루지는 정체 모를 무언가로부터 마구 쫓겨 다닌다. 왜 쫓아 오는지, 잡아서 뭘 어떻게 하려는지도 모르는 채 알지 못할 공포로부 터 달아나고 또 달아나는데 그 쫓김은 무덤 안으로 들어갈 때까지 계 속된다.

미래는 이렇게 우리를 쫓아온다. 아니 더 정확하게 표현하자면 우 리는 이렇게 미래에게 쫓겨 다닌다. 나를 쫓아오겠다고, 나를 잡아서 어떻게 하겠다고 말한 적도 없는데 그냥 쫓겨 다닌다.

그 미래가 뭐라고 우리는 자꾸 미래에게 쫓겨 다닐까? 심지어 내 무덤 앞에까지. 그래서 무덤 안에 들어갈 때까지 한 일이라고는 달린 일밖에 없다. 혹시 그대, 오늘도 미래에게 쫓겨 다니고 있지는 않은 가? 혹시 그대, 오늘도 현재를 누리고 웃고 즐길 새도 없이 미래에게 쫓기는 것으로, 달리는 것으로 채우고 있지는 않은가?

한 고등학교 친구들과 이 영화를 두고 토론을 하면서 각자의 과 거-현재-미래 키워드를 적어보는 시간을 가졌는데 그렇게 돌아보는 것만으로도 의미가 있었다. 한 친구가 과거-현재-미래 키워드를 즐거움-즐거움-즐거움 이렇게 똑같이 적어서 다른 친구들에게 박수와 환호를 받았다. 여러분은 어떤가? 나의 과거-현재-미래 키워드를 과연 어떻게 적을 것 같은가?

이제 크리스마스 이야기를 해볼까 한다. 이야기 초반에 말한 것처럼 크리스마스는 어떤 날인가?

혹시 이런 적이 있는지 모르겠다. 뭔가 갈등이 생기려고 할 때 "명절이잖아. 좋은 날인데 그냥 즐겁게 지내자." 하거나 누군가의 생일에 "생일인데 특별하게 보내야지." 혹은 "크리스마스니까 웃자. 파티를 할까?"라고 한 적.

이른바 '날 잡아서' 행복하기. 인간에게는 아주 오래된, 그리고 가장 많은 사람들이 가지고 있는 습관이 하나 있다. 바로 행복 기다리기 습관. 지금은 말고 언젠가는 행복할 그날 기다리기. 그리고 여기에 하나 더, 날 잡아서 행복하기.

매일매일 행복하기에는 너무 버거워서 일 년에 딱 하루, 특별한 날에만 행복하려는 걸까? 크리스마스 날에만 행복하면 되는 걸까? 명절에만 행복하면 될까? 생일에만 행복하면 될까?

크리스마스 캐럴은 크리스마스 때에만 들어야 할까? 이웃에게 온정을 베푸는 것은 연말에만 하면 될까? 하하하 웃으며 사는 것은 도대체 언제 해야 할까?

이 영화는 삶에 대해 아주 선명하게 이야기한다. 두려움에 휩싸여서 외로움 안에 나를 가두지 말고, 웃음에 인색하지 좀 말고, 미래에 쫓기며 살지 말고, 가족이랑 이웃이랑 크리스마스에만 행복하려고 하지 말고 매일 웃고 매일 행복하라고. 마치 매일이 크리스마스인 것처럼 말이다.

가만히 생각해보면 스크루지만 삶에 인색하겠는가? 우리도 만만치 않게 삶에 인색할지 모른다. 죽을 때 웃음을, 행복을, 기쁨을, 감사를 짊어지고 갈 것도 아닌데 말이다. 그래서 크리스마스의 수식어를 좀 바꿔보려고 하는데 어떤지 들어봐주었으면 한다.

'메리' 크리스마스가 아니라 '매일' 크리스마스. 그리하여 그대의 삶이 Merry Christmas에서 Every Christmas가 되기를….

07

"운명을 만나는
기적에 대하여"

"네 운명은 네가 알아내야 해.
인생이란 한 상자의 초콜릿과 같단다.
뭐가 걸릴지 아무도 모르거든."

"인생이란 한 상자의 초콜릿과 같단다. 뭐가 걸릴지 모르거든."

인생을 한 상자의 초콜릿에 비유한 대사로 유명한 영화 〈포레스트 검프〉. 이 영화는 이 대사뿐만 아니라 톰 행크스의 연기, 마치 실화 같은 느낌을 주는 구성, 그리고 살아가면서 맞이할 수 있는 수많은 운명과의 만남을 잘 표현한 영화다.

분명 이 영화를 인생 최고의 영화로 꼽는 사람들이 더 있을 거라 짐작하는데 내가 아는 어떤 사람은 '검프'라는 말만 들어도 뭉클하고 힘이 난다고 말하기도 한다. 그만큼 영화 역사에서 이 영화는 많은 울림을 주었다.

왜 '지능이 약간 떨어지는' 주인공인가?

이 영화의 감독인 로버트 저메키스는 인생을 바라보는 시각을 다양한 은유적인 설정을 통해 표현하는 감독으로, 〈백 투 더 퓨처〉 시리즈, 톰 행크스의 〈캐스트 어웨이〉, 짐 캐리의 〈크리스마스 캐롤〉 등을 연출했다.

영화 〈포레스트 검프〉는 포레스트라는 한 사람의 인생 여정을 통해 운명이란 무엇인가, 운명을 만나는 기적이란 무엇인가를 생각해 보게 한다. 주인공이 밟아가는 삶의 여정을 우리의 삶과 연결하여 생각해볼 수도 있다. 포레스트가 겪는 일들이 우리 삶에서 일어나는 일들과 일치하지는 않지만 포레스트에게 일어나는 일들, 이를테면 누군가와의 운명적인 만남, 우연한 기회, 고난이 기회로 바뀌는 순간, 생각지도 않은 행운 등은 우리 삶에서도 일어나고 있는 것들이다. 영화에서는 이런 일들을 '기적'이라고 말하고 있고 그러한 일들뿐만 아니라 자신의 운명을 만나가는 과정 자체가 '기적'이라고 말하면서 우리의 삶에도 매일매일 기적이 일어나고 있다고 말하고 있다.

이 영화에 대해서 나누고 싶은 이야기가 많지만 우선 찬찬히 가보자. 아마 나보다 여러분이 더 하고 싶은 이야기가 많을 수도 있다. 어쩌면 책 차례를 보고 이 영화를 가장 먼저 펼쳐서 읽고 있을지도 모른다.(혹시 그런 사람 중에 나와 아는 사람이 있다면 "그거 나야!"라고 꼭 얘기해주기 바란다.)

주인공 포레스트는 지능이 약간 떨어지는 사람으로 설정되었다. 왜 어떻게 보면 많은 사람들이 감정이입이 잘 되지 않을 수도 있는, 보통에서 지능이 약간 떨어지는 평범하지 않은 사람으로 설정했을까? 지능이 많이 떨어지는 것이 아니라 아주 약간이라 살아가는 데 문제가 있을 정도는 아니고 보통 사람과 약간 차이가 느껴지는 정도다. 이 캐릭터의 강도를 끝까지 유지하는 것이 이 영화에서 중요한 부분이었을 것이라고 생각된다. 영화 혹은 드라마에서 주인공의 성격과 특성을 설정하고 그것을 모든 상황과 갈등에 적용하는 일이 무척 힘든 일이라는 말을 들은 적이 있다. 그래서 각 캐릭터들이 중간에 갑

자기 성격이 바뀌거나 전혀 생각지 못한 방향으로 흐르면 그 이야기는 사람을 잘 파악한 이야기라고 말하기 어렵다는 것이다.

아무튼 포레스트는 지능이 약간 떨어진다. 이렇게 설정된 이유는 그에게만 일어날 수 있는 그 무언가를 위해서였을 것이다. 짐작하기에 지능이 약간만 떨어지기 때문에 주어진 상황을 복잡하게 따져 묻고 깊게 생각하는 것이 아니라 '있는 그대로' 받아들이는 모습을 보일 수 있다.

지능이 출중하여 한 상황을 두고 이리 재보고 저리 살펴보고 무엇이 더 나은지 생각하는 시간을 갖는 것이 아니라 그냥 주어진 대로 살아간다. 그리고 그 주어진 대로 사는 것은 다른 주어짐과 연결되어 기적을 만들어내고 그 기적들이 모여 운명이 되어간다.

이 영화에서 포레스트가 믿는 신(하나님)은 주는 존재다. 그래서 포레스트는 신이 주는 대로 받아들이고 그렇게 움직인다. 도대체가 '의심'이라는 것이 없다. 지능이 약간 낮음으로 인해서 나타나는 증세는 '의심'이 없다는 것이다. 다른 사람의 말이나 주어지는 상황에 의심을 갖지 않는다.

자, 그렇다면 이제부터 묻고 싶다. 의심이 없어서 주어진 상황에 순응하는 것이 지능이 낮은 것인가, 의심이 많아서 주어진 상황대로 살지 못하는 것이 지능이 낮은 것인가?

여기서 순응이라는 것은 복종의 의미가 아니다. 여기에서 순응은 주어지는 것을 향한 온전한 신뢰를 말한다. 왜냐하면 내가 믿는 신이 주는 것이니까(여기에서 신은 각 종교의 신, 우주, 운명, 인생 등으로 맞춰서 해석하기 바란다).

나에게 주어지는 일들을 불행이나 고난으로 의심하는 것이 아니라 과정이나 감사로 받는 것이 순응이다. 우리처럼 지능이 다소 뛰어난 사람들은 감히 하기 어려운 '주어진 것에 순응하며 사는 삶'을 지능이 약간 떨어지는 포레스트는 그야말로 '간단하게' 해내고 있는 것이다.

삶에서 내가 뭘 어떻게 선택하는 경우는 생각보다 많지 않다. 태어난 환경, 부모, 나라, 나의 얼굴과 내적인 특성 등 주어지는 것들이 많고 그 주어진 것들과 평생을 살게 된다. 그래서 그런 것들을 '의심'하지 않고 온전한 것이라고 신뢰하는 것이 영성의 핵심인데, 지능이 뛰어난 우리들이 꾸준히 인지하면서 수련해야 할 그것을 포레스트는 굳이 영성이라고 부를 필요도 없이 삶으로 만나고 있는 것이다.

영화를 보다 보면 주인공의 삶을 주인공 스스로가 살아가는 것이 아니라 신이 주인공을 어느 시기에 어느 사람 앞에, 그리고 어느 장소에 '데려다 놓는' 것처럼 느껴진다. 그래서 주인공을 이렇게 설정한 것은 오히려 운명을 만나는 가장 적합한 방법을 설명하는 중요한 신호라고 할 수 있다.

기적이란 무엇인가?

이 영화는 인상 깊은 장면이 참 많지만 가장 먼저 나누고 싶은 이야기는 포레스트가 자신의 인생에서 두 가지 운명을 만나는 장면이다. 많은 운명 중에서도 가장 중요한 두 가지, 자신의 재능과 사랑하는 사람.

영화 인문학 강의 때 "포레스트의 가장 뛰어난 재능은 뭔가요?"라고 물으면 많은 사람들이 "달리기"라고 답한다. 그리고 "포레스트의 절대적이고 유일한 사랑, 그녀의 이름은 뭔가요?"라고 물으면 다들 알 것 같은데 뭐지, 뭐지, 하다가 누군가 마침내 생각이 난 기쁨에 차서 큰 소리로 "제니!"라고 외친다.(강의 때 이런 질문을 하고 마치 퀴즈놀이를 하는 것처럼 잠시 기다리는 시간을 좋아하는데 많은 사람들이 '알 것 같은데 뭐지, 뭐지?' 하면서 맞추고자 하는 열망을 보인다. 예를 들어 "영화 〈캐스트 어웨이〉에서 주인공의 유일한 배구공 친구 이름은?"이라고 묻거나 "영화 〈몬스터 대학교〉에서 주인공 마이크의 친구 이름은?" 등을 묻는다. 지금 여러분도 한번 맞혀보시길.)

이 영화를 본 사람이라면 포레스트의 인생에서 가장 중요한 두 가지를 기억해낼 것이다. 바로 포레스트의 영원하고 유일한 사랑 제니와 포레스트의 가장 탁월한 재능인 달리기. 이 두 가지를 만나는 장면은 영화 초반에 아주 중요하게 다뤄지고 있다.

지능이 조금 떨어지고 척추가 물음표처럼 휘어서 다리 보조기가 있어야만 걸을 수 있는 포레스트를 엄마는 모든 사람이 저마다 다르듯이 조금 다를 뿐이라고 주지시키면서 특수학교가 아닌 일반학교에 보내려고 노력한다. 엄마의 노력 끝에 마침내 포레스트는 일반학교에 가게 되는데 스쿨버스를 처음 탄 날, 대부분의 아이들이 버스에 오른 포레스트가 옆자리에 앉는 것을 거부한다. 그때 "여기 앉아도 좋아."라고 말을 건넨 아이가 바로 그녀, 제니다.

제니를 처음 본 순간 포레스트는 "세상에서 가장 예쁜 음성"이라고 하고, "마치 천사 같았다."라고 표현하는데 그날을 시작으로 제니와 포레스트는 콩과 콩깍지처럼 친한 친구 사이가 된다. 포레스트에게는 제니가 유일한 친구이자 절대적인 존재가 되는 것이다.

이 영화는 주인공 포레스트가 버스 정류장 벤치에 앉아 옆에 앉는 사람들에게 자신이 살아온 삶의 이야기를 들려주면서 시작된다. 아니 처음부터 끝까지 포레스트가 들려주는 이야기다. 그때의 그 일을 포레스트 시각에서 해석해가면서 옆 사람에게 들려주는 것이다. 버스 정류장이라서 옆에 앉는 사람은 계속 바뀌는데 마치 같은 사람인 것처럼 자신의 삶을 차례대로 나열하면서 지난 일들을 이야기한다.

"엄마는 기적은 매일매일 일어나는 것이라고 했어요. 그날도 그렇게 기적이 일어났어요."

어느 날 포레스트와 제니 둘이서 길을 가고 있는데 동네 아이들이 포레스트를 "바보."라고 놀리며 돌을 던지고 괴롭힌다. 얼굴에 돌을 맞고 맥없이 뒤로 넘어지는 포레스트를 잡아 일으키며 제니가 외친다.

"달려! 포레스트! 달려!(Run! Forrest! Run!)"

다리 보조기에 의지해 걷는 것만 겨우 할 수 있던 포레스트는 제니의 말에 따라 어기적어기적 걸으며 자신을 괴롭히는 아이들에게서 벗어나기 위해 노력한다. 그러다 조금씩 속도를 내 무릎을 편 채로 걷듯이 뛰다가 무릎을 굽히며 속도를 더 내기 시작하자 이내 다리 보조기가 부서져 떨어져 나간다. 포레스트는 점점 더 빨리 달리더니 (포레스트의 말에 따르자면) 마치 바람처럼 달려서 자전거를 타고 쫓아오는 아이들을 뒤로 하고 도망간다. 다리 보조기를 하고 걷던 포레스트는 그렇게 다리 보조기에서 벗어나서 자신의 두 다리로 어디든 달려갈 수 있음을 확인하게 된다.

여기에서 다리 보조기가 아주 중요한 요소임을 눈치 챘으리라 생각되는데, 척추가 휜 포레스트에게 다리 보조기는 없으면 안 되는 안전장치이자 걷게 해주는 기구이다. 다리 보조기 덕분에 걸을 수 있지만 다리 보조기를 차고 있으면 달릴 수는 없다. 그런데 사실 걷는 것만 생각할 수 있지 다리 보조기를 찬 상태에서 달릴 수 있다는 생각은 당연히 할 수 없다. 다리 보조기를 하고 있기 때문에 안전하게 걸을 수 있지만 아이들에게 '쇳덩어리'라고 놀림을 당하기도 한다.

그런데 극한의 상황에서 생존을 위해 달리기를 시도하게 되고 그 시도가 다리 보조기에서 벗어나는 기회가 되며, 이를 계기로 자신이 아주 잘 달릴 수 있다는 것을 확인하게 된다. 게다가 달리기는 알고 보니 포레스트 인생에서 아주 중요한 재능이었다. 훗날 달리기 덕분에 미식축구 선수도 되고, 대학도 가고, 전쟁에서 살아남는 것은 물론 전우들을 구하기도 하며, 3년 가까이 달리면서 유명인이 되기도 한다.

만약 이때 달리기를 만나지 못했다면 평생 다리 보조기를 끼고 걷는 것에서 그치는 것은 물론 달리기가 자신의 재능이라는 사실도 몰랐을 텐데 말이다. 그래서 포레스트는 이때를 회상하며 '기적'이라고 표현한 것이 아닐까?

한 가지 더 주목할 것은 제니의 외침이다. 제니가 "달려!(Run!)"라고 포레스트에게 외치자 멍하니 괴롭힘을 당하던 포레스트는 그 말을 듣고 달리게 된다. 아니 달리는 것을 시도하게 된다. 왜냐하면 포레스트에게 제니는 하느님 같은 존재이기 때문이다. 처음 만났을 때 제니를 두고 "천사 같았다."라고 했던 것을 기억할 것이다. 천사 같으며 세상에서 처음 듣는 가장 예쁜 음성을 지녔고 유일한 친구이자 절대적인 존재이기 때문에 제니가 하는 말은 꼭 들어야 한다.

포레스트의 절대자 제니가 달리라고 한 가장 큰 이유는 포레스트를 괴롭힘에서 구해내기 위해서였을 것이다. 포레스트가 다리 보조기를 떼어내고 뛰는 재능을 발견하게 하기 위해서가 아니라 얼굴에 돌을 던지는 괴롭힘으로부터 구해내고자 명령한 것이다. 포레스트는 그 명령에 (절대 뛸 수 없음에도) 따라서 달렸고 그것이 걷기에서 달리기로 진화할 수 있는 계기가 된 것이다.

만약 우리가 절대적으로 신뢰하는 신이 나타나 우리에게 달리라고 하면 우리는 달릴 것이다. 물론 절대적으로 신뢰하는 신이 실제로 눈앞에 나타나는 일은 일어나지 않고 여러 신호로 나타나더라도 항상 주저한다는 것이 함정이지만 말이다(왜냐하면 우리는 지능이 높고 모든 것에 의구심을 갖는 습관이 있으니).

여기에서 인문학적으로 이런 질문을 함께 나눠보고 싶다.

"나에게 '런(Run)'은 무엇일까?"

내가 나아갈 다음 단계 혹은 나의 재능, 소명, 할일, 도전 등 여러 가지로 해석해볼 수 있겠다. 그리고 나는 '런(Run)'이라는 신의 외침을 듣고 그 말을 온전히 신뢰하며 달리고 있는지?

또한 "나에게 다리 보조기는 무엇일까?"라는 질문을 던져볼 수도 있다. 안전하게 걸을 수 있게는 하지만 그 다음 단계로, 다시 말해 나의 재능과 원하는 인생을 향해 나아가지 못하게 족쇄가 되기도 하는 그것은 과연 무엇일까?

이 영화에서 다리 보조기는 많은 해석을 해볼 수 있는 장치다. 안전장치이자 족쇄, 그리고 지금을 만들어줬지만 다음 단계를 위해 과감히 벗어나지 못하는 그 무엇.

하나님과 화해하는 참 쉬운 방법

영화에서 이 장면은 한 번 더 반복되는데, 고등학교 때에 똑같이 돌이 날아오고 포레스트가 놀림을 당할 때도 제니는 "달려! 포레스트!(Run! Forrest!)"라고 말한다. 그런데 어릴 때는 놀리는 아이들이 자전거로 쫓아왔는데 이제는 차로 쫓아와서 제니가 '더 빨리' 뛰라고 한다. 제니의 말대로 속도를 엄청나게 내서 더 빨리 달린 포레스트는 한 대학의 미식축구 경기장을 가로질러 뛰게 되고 그 덕분에 대학에 들어가 미식축구 선수로 활동하게 된다.

포레스트는 이때를 회상하면서 이렇게 이야기한다.

"나는 내가 가고 싶은 곳으로 뛰었는데 그것이 삶의 기회가 될 줄 몰랐어요."

이렇게 우연인 듯 필연인 듯, 기적인 듯 일상인 듯 삶이 이끄는 대로 순응하며 살던 포레스트는 육군 홍보 전단을 보고 군대에 들어가게 된다. 베트남 전쟁에 파견된 포레스트는 적군의 습격을 받고 아수라장이 된 상황에서 역시 달리기로 전우들을 구하게 되고 거기에서 또 한 명의 운명의 인물인 댄 중위도 구하게 된다. 댄 중위는 군인으로서의 자부심과 명예를 중요하게 여기는 사람이라 두 다리를 잃고 목숨을 구한 것에 몹시 분노하는데, 특히 그런 자신의 목숨을 살린 포레스트를 몹시 미워하고 원망한다. 다리를 잃고 전역한 댄 중위는 삶에서 의미를 찾지 못하고 술로 세월을 보낸다. 그런 댄 중위에게 포레스트는 자신을 이렇게 살게 만든 장본인이라는 원망의 대상이면서 유일한 친구이기도 하다.

　그러던 중 둘은 새우잡이 배를 함께 몰기 시작하는데 포레스트는 선장 역할을, 댄 중위는 항해사 역할을 맡는다. 새우가 좀처럼 잡히지 않던 어느 날, 밤새 폭풍우가 치던 밤에 댄 중위는 삶에 대한 원망을 신을 향해 쏟아버리듯 폭풍우를 향해 소리 지르고 화를 낸다. 마치 더 세게 몰아쳐서 나를 데려가 보라는 듯이. 나는 개인적으로 이 장면이 아주 애잔하게 다가왔는데 살아있는 것이 원망인 댄 중위에게 그날 밤의 폭풍우는 모든 쌓여 있던 원망과 슬픔을 쏟아낼 수 있는 대상이 아니었을까 싶다.

　그렇게 맘껏 다 쏟아내서일까, 아니면 폭풍우에 파손되지 않은 유일한 새우잡이 배로서 새우가 많이 잡혀서일까? 바다가 잔잔한 어느 날 댄 중위는 포레스트에게 이런 말을 건넨다.

　"자네에게 살려줘서 고맙다는 말을 한 적이 없군."

　그러고는 휠체어에서 내려와 배 난간에서 바다로 뛰어들어 무릎 아래가 없는 다리로 수영을 한다. 하루 중 가장 아름답다는 노을이 진 하늘을 마주보고.

　이때 포레스트가 아주 인상 깊은 표현을 한다.

　'하나님과 화해한 것 같았다'라고. 이 말은 분명 댄 중위의 달라진

표정과 눈빛, 행동을 보면서 든 생각을 표현한 말일 것이다.

'하나님과 화해한 것 같다'라는 표현을 어떻게 해석해볼 수 있을까? 화해는 '싸움하던 것을 멈추고 서로 가지고 있던 안 좋은 감정을 풀어 없애는 것'을 말하는데 포레스트가 보기에는 댄 중위가 다리를 잃고 살아있는 것을 원망하는 것이 하나님과 싸운 것으로 보였던 것이다. 그리고 댄 중위가 자신의 살아있음을, 무릎 아래 다리가 없어서 걷지 못하는 자신의 운명을 받아들이고 인정하는 모습을 '화해'라고 본 것이다. 자신의 운명을 계속 거부하고 미워하면서 살아가다가 자신의 운명을 있는 그대로 받아들이고 감사함으로 맞이하는 것을 신과의 화해, 즉 소통으로 이해한 것이다.

이 영화는 포레스트의 인생과 운명뿐만 아니라, 댄 중위가 자신의 인생과 운명을 받아들이는 과정, 제니가 자신이 처한 삶을 피해 도망가고 싶어 하는(제니는 특히 새가 되어 훨훨 날아가고 싶다는 말을 많이 한다) 모습, 지능이 낮은 아들을 둔 엄마로서 최선을 다하는 엄마의 인생과 사랑, 그리고 죽음의 순간에도 아들이 운명을 개척하도록 돕는 마음들을 잘 풀어내고 있다.

인생은 한 상자의 초콜릿과 같아서 겉으로 보기에는 모두 달콤해 보이지만 그 안에 있는 쓰고 딱딱하고 당황스럽고 달콤한 맛들을 모두 겪어내야 한다고 말이다. 그리고 그 자체가 모두 인생이고 나의 운명이라고. 그렇지만 모두 초콜릿이라고.

깃털이 할 일은 무엇인가?

영화 〈포레스트 검프〉는 정말 나눌 얘기가 많은 영화다. 그중에서 추가로 꼭 나누고 싶은 얘기가 있다. 영화의 시작과 끝에 등장하는 깃털에 대한 것인데 깃털은 이 영화의 또 다른 주인공이라고 할 수 있겠다. 영화가 시작되면 깃털이 바람에 날려와 버스정류장 벤치에 앉아 있는 포레스트 운동화에 앉는다. 포레스트는 그 깃털을 발견하고 주워서 책갈피에 넣어두고 이야기를 시작한다. 아마 이야기를 하는 내내, 그리고 책을 펼치기 전까지 그 깃털은 거기에 고정된 채로 있었을 것이다. 그리고 영화 마지막에 포레스트가 아들을 스쿨버스에 태워 보내고 나서 책을 펼치자 깃털이 떨어지면서 다시 바람을 타고 날아간다.

자, 그러면 깃털 입장에서 생각해보자. 깃털은 바람에 날려서 어디에 도착할지 알 수가 없다. 깃털이 '나 저기에 도착할래.'라고 결심한다고 해서 거기에 도착할 수가 없다. 그저 바람의 방향과 바람의 강약에 높이 날기도 하고 낮게 날기도 하고 멀리 날기도 하며 생각지도 못한 곳에 앉기도 한다. 어디로 날려 보냈다고 원망할 수도 없고 바람에게 부탁할 수도 없으며 더 있고 싶다고 해서 머물 수도 없다. 그저 바람이 데려다 놓는 곳에 바람이 또다시 데려가기 전까지 머무는 것이 전부이다.

그렇다면 "깃털이 할 일은 무엇인가?"

깃털은 뭘 하면 되는 것일까? 그렇다. 그냥 날면 된다. 아니 더 정확히 표현하자면 '날리면' 된다. 바람이 불면 바람이 안내하는 대로 날리는 것이 깃털이 할 일이다. 영화에 등장하는 깃털은 바람에 날려 포레스트라는 인물 앞에 멈췄다가 마치 그 이야기를 듣고 잠시 동행하다가 다시 다른 사람을 찾아 떠난 것만 같다. 자신이 가야 할 곳, 그러나 알 수 없는 곳으로. 그저 깃털이 할 수 있는 것은 자신을 어딘가로 데려다줄 바람을 믿는 것뿐이다. 날지 않으려고 버티거나 바람을 의심하는 것이 아니라 바람에 순응하는 것이 깃털이 할 일이다. 이것은 영화에서 "포레스트 검프가 한 일은 무엇인가?"라는 질문과 연결된다. 그리고 이 질문은 "내가 할 일은 무엇인가?"로 다다르게 된다.

★ 포레스트 검프

영화 인문학 토론을 위한
작은 팁

자기 자신에게 인상 깊은 장면이나 대사를 기록해서 나눠보기　같은 영화를 보고도 사람마다 인상 깊은 장면과 대사는 다르다. 같으면 같은 대로, 다르면 다른 대로 서로의 생각을 공유하는 것만으로도 의미가 있다. 그리고 그 장면이 특히 나 자신에게 와닿은 이유를 얘기하다 보면 자기 자신을 성찰할 기회를 자연스럽게 만나게 된다.

영화를 만든 의도가 무엇일지 생각해보기　영화 전반에 흐르는 메시지를 유추해보는 것이다. 그리고 그 시선을 관객으로서가 아니라 내가 감독이라고 가정하고 좀 더 주체적인 시선으로 보는 것이다. 내가 감독이라면 사회의 이런 면을 강조하고 싶어서, 내가 감독이라면 영화를 통해 삶의 이런 철학을 전하고 싶어서, 내가 감독이라면 이 장면을 넣은 이유는 등 감독의 입장이 되어보면서 토론을 하는 방법도 추천한다.

질문 만들기　인문학은 정답을 찾는 것보다는 질문을 찾는 것에 더 의미를 둔다고 할 수 있다. 한 질문이 다른 질문으로 이어지고, 그 다음 질문으로, 또 그 다음 질문으로 이어지면서 나와 세상과 인생을 알아가는 질문 열쇠를 찾아가는 과정 같다. 영화를 보면서 함께 질문들을 뽑아내보면 그 질문을 통해 영화와 내가 교감하는 지점을 발견할 수 있다. 질문에 답을 해보는 것이 토론이 될 수 있듯이 질문을 만들어보는 것역시 의미 있는 작업이 될 수 있다.

08

"몬스터가 주인공이라는 것은
무엇을 의미할까?"

"난 무섭게 타고나고 행동하지만 솔직히 말하면 무서워 죽겠어.
마이크, 너는 조금도 무섭게 생기지 않았어. 하지만 넌 겁이 없어.
넌 한심한 팀을 챔피언으로 만들었어. 넌 네가 평범하다고 생각하니?
넌 이 학교 역사상 최고로 무서운 짓을 했어."

시리즈로 나오는 영화는 시간의 흐름대로 순차적으로 나오는 것이 일반적인데 〈몬스터 대학교〉는 시간을 역행해서 나온 영화다. 영화 〈몬스터 주식회사〉가 워낙 신선한 주제로 인기를 끌고 높은 평가를 받아서 이 주인공들이 대학시절에는 어떤 모습이었을까 하는 아이디어로 탄생한 영화가 〈몬스터 대학교〉라고 할 수 있다. 우리도 왜 어떤 사람에게 흥미를 느낄 때 저 사람은 학창시절엔 어땠을까? 20대에는 어떤 모습이었을까? 하는 궁금증을 갖게 되지 않던가.

이 영화의 경우 영화 내용보다도 주인공이 상징하는 것에 대한 이야기를 주요하게 나누고 싶다. 이 영화는 제목에서 알 수 있듯이 몬스터가 주인공인데 먼저 '몬스터'는 괴물(주로 이야기 속에 나오는)이라는 뜻으로, 사전적인 의미를 더 살펴보면 "괴수, 괴물 같은 것 혹은 잔악무도한 인간을 일컬을 때 사용하는 단어"라고 되어 있다.

그렇다면 여러분은 '괴물' 하면 어떤 이미지가 떠오르는가? 영화인문학 강의 때 아이들에게 물어보면 무섭다, 징그럽다, 잔인하다, 악당, 잡아먹는다 등의 단어를 많이 떠올린다.

'다름'의 한계를 넘어서는 몬스터, 조연에서 주인공으로

그러나 〈몬스터 대학교〉를 보고 나면 그런 이미지가 귀엽다, 사랑스럽다, 안아주고 싶다, 갖고 싶다, 친근하다의 이미지로 바뀌게 된다.

그래서 이런 질문을 먼저 해보고 싶다.

"몬스터가 주인공이라는 것은 어떤 의미가 있을까?"

영화에서, 특히 애니메이션 영화에서 동물을 의인화해 캐릭터를 표현할 때 '다르다'라는 점을 사람의 경우보다 더 풍부하게 표현할 수 있다. 좀 더 설명하자면, 사람으로는 '다르다'는 표현이 한눈에 선명하게 구분되지 않는다. 이 사람과 저 사람이 다른 것을 외관상으로 어떻게 드러낼 수 있겠는가? 생김새가 다를 수는 있지만 생김 구성이 같기 때문에 서로의 특성을 극명하게 표현하기가 어렵다. 그리고 사람일 때 그것을 대조적으로 표현하는 것은 오히려 차별에 가까운 표현이 될 가능성도 배제할 수 없기 때문에 표현하는 데 조심스러울 수 있다.

그러나 동물을 의인화해 영화의 인물로 등장시킬 때에는 서로 다른 종류의 동물을 보여줌으로써 '다름'을 아주 잘 드러낼 수 있다. 서로 다른 종류의 동물은 저마다 생김 구성과 발달된 능력과 소리와 행동이 분명하게 다르기 때문이다. 그래서 애니메이션에서 틀린 것이 아니라 다르다는 것을 표현할 때 동물을 통해 많이 표현하는 것이다.

그런데 여기에서 더 나아가 몬스터가 주인공이면 또 어떤 표현을 더할 수 있을까?

우선 재미있는 것은, 몬스터는 동물과는 다르게 현실에 없는 상상 속의 존재라는 점이다. 물론 내가 못 봐서이겠지만 많은 사람들이 이런 몬스터를 실제로 목격하지 않았을 거라고 장담한다.

그래서 동물보다 훨씬 더 자유로운 상상과 표현을 할 수 있으며 그 생김새를 고안해내는 데 무한하고 정해진 범위가 없다. 그렇지만 몬스터의 경우 한 가지 정해진 틀이 있는데 바로 몬스터에 대한 이미지다. 무섭고 잔인하고 사람을 괴롭히며 늘 악당 역할을 맡는 몬스터. 잠시 생각해보면 몬스터 입장에서 억울할 수도 있겠다 싶다. 인간들이 스스로 상상해놓고 자기네들보고 악당 역할만 맡으라고 하니 어디 민원이라도 넣을 수 있다면 넣고 싶을 것이다.

여러분이 몬스터 입장이라면 어떤 생각이 들겠는가?

입장을 바꾸어 생각해보면 단순히 '다름'을 이해하는 것을 넘어서 존재는 달라도 그 안에 담긴 마음은 다르지 않음을 느껴볼 수 있다.

영화에서 항상 악하고 나쁜 역할만 맡아오던 몬스터들이 주인공으로 나오면 몬스터의 입장을 이해할 수 있게 된다. 그리고 그렇게 몬스터의 세계를 받아들임으로써 나와 전혀 다른 사람의 입장을 이해할 수 있는 시각을 갖게 된다. 보이는 모습이 전부가 아니라는 시각을 갖게 되는 것이다. 이런 아이디어가 영화로 만들어지는 것이 반가운 이유는 어릴 때부터 여러 관점을 가질 수 있도록 시각을 넓혀주기 때문이다.

그래서 영화를 만드는 데 있어 어떤 철학을 갖고 있는지가 중요하다고 할 수 있다. 애니메이션이야말로 자칫하면 아이들이 스스로 어떤 판단력을 갖기도 전에 편견과 선입견을 심어줄 수 있다.

아이들은 어릴 적부터 여러 경로를 통해 만화영화, 애니메이션을 만나게 되는데 그 안에 고정적인 어떤 관념이 지속적으로 제공된다면 그것이 '사실'이라고 믿게 될 것이다. 그리고 무의식에 심어진 관념은 스스로 발견해서 변화시키려고 고된 노력을 하지 않는 이상 고착될 가능성이 많다.

지금은 많이 달라졌지만 초창기 월트 디즈니의 애니메이션들이 비판을 받은 가장 큰 이유가 고정관념을 깨는 것이 아니라 그대로 전달하는 형태로 만들어졌기 때문이다.

위험에 처한 공주를 왕자가 나타나 구하는 형태, 왕자가 공주를 힘든 삶에서 구해주는 형태로 진행되는 이야기는 자칫 아이들에게 고정적인 여성관과 남성관, 그리고 의존적이고 수동적인 의식을 심어줄 수 있다.

원래 동화는 아이들에게 세상은 위험하니 조심하라는 경고성으로 만들어졌고 또 거기에는 사회가 원하는 여성상과 남성상이 고스란히 녹아들어 있다. 그래서 그런 것들이 아무 비판적인 시각 없이 현 시대 아이들에게 전해질 때 고정관념이 답습될 수 있다.

그런 측면에서 영화감독들과 영화 제작사들이 어떤 철학을 가지고 있느냐가 영화를 보는 사람들에게 큰 영향을 미칠 수 있다. 아무 판단이나 저항 없이 스토리에 묻어 있는 철학을 자신도 모르는 사이에 받아들일 수 있기 때문이다. 영화는 지금 사회에 그만큼 큰 저력으로 일상 문화에 들어와 있다.

이 차원에서 질문을 하나 하고 싶다. 다른 사람에게 영향력을 미치는 일을 하는 사람이 갖는 철학은 얼마나 전파력이 크고 중요한가? 한 사람의 어린 시절에 심어진 어떤 생각이 어른이 되어서도 삶에 작용을 하고 그것이 또 다른 사람에게도 영향을 미치는 것을 생각하면 그 영향력은 상상을 초월할 수도 있다. 마치 우리가 어릴 적 보고 들은 어떤 선생님의 말씀 하나, 책 속 한 구절 혹은 어떤 사람의 삶이 어떠한 결심으로 이어진 경험이 있듯이 말이다.

그래서 가끔 영화 인문학에서 월트 디즈니와 드림웍스, 픽사 애니메이션의 철학과 영화들의 특징을 비교해보는 시간을 갖기도 하는데, 기회가 있다면 차이점을 찾아보거나 스터디나 동아리에서 토론해보기를 권한다. 실제 영화 전공 대학원에서 중요하게 토론하는 수업 주제라고 한다.

아무튼 몬스터로 돌아가서, 지금껏 늘 몬스터가 주인공을 빛내주는 악당 역할의 조연이었다면 이번엔 몬스터가 주인공이 되어 몬스터 입장에서 세상을 보자는 것이다. 몬스터 입장에서 보면 우리 인간은 선한 존재일까, 악한 존재일까?

좋아하는 것과 잘하는 것은 어떤 차이가 있나?

〈몬스터 대학교〉에 나오는 등장인물을 살펴보면 더욱 놀라운 것이 있다. 엄청난 종류의 몬스터가 등장하는데 모두 모습이 다르다는 점이다. 대학교이기 때문에 그 수가 엄청난데도 어쩜 그렇게 모두 다른 몬스터를 창조할 수 있는지 감탄스러울 뿐이다.

영화에서 몬스터들은 모두 같은 꿈을 가지고 있다. 세상에서 가장 무서운 몬스터가 되는 것. 그래서 아이들 꿈속에 나타나 아이들이 겁을 먹게 하고 비명을 지르게 해서 에너지를 모아야 한다. 그것이 몬스터가 존속하는 이유다.

여기서 흥미로운 것은 몬스터는 아이들 꿈에만 나타난다는 점이다. 정확히는 아이들의 상상을 돕는 존재다.

"엄마, 벽장 안에 괴물이 있어요."라는 엉뚱하고 이상한 상상을 완성시켜주는, 동심 세계에서 아주 중요한 존재다. 그래서 아이들이 "엄마 곁에서 자고 싶어요."라고 말하게 하거나, 상상 속의 괴물과 싸워 당당하게 이겨서 자신감이 충만해지도록 해주는 것이 바로 몬스터가 맡은 임무다.

그 몬스터들이 대학교를 다니면서 가장 무서운 몬스터가 되기 위해서 노력하는데 주인공 마이크는 공부를 아주 열심히 하는 학생으로, 무섭게 하는 방법을 누구보다 잘 알고 있는 모범생이라고 할 수 있다. 그런데 안타깝게도 본인의 모습은 무섭지 않고 심지어 너무 귀엽고 사랑스럽다. 그래서 아이들한테 무섭게 해서 소리를 지르게 하는 데 '타고난' 재능이 영 없어 보인다. 이렇게 똑똑하고 열심히 하는 학생이 말이다.

그에 반해 설리는 타고나기를 몬스터로서 완벽하게 무섭게 타고났다. 커다란 몸집에 수북한 털과 큰 손과 발, 뿔과 이빨과 부리부리한 두 눈은 인상을 쓰면 바로 비명을 지를 정도로 타고난 몬스터라고 할 수 있다.

그래서 별 노력을 하지 않아도 인정받을 수 있지만 그것을 더 드러나게 하는 방법은 모른다. 전략이 뛰어난 마이크에 비해 설리는 그저 그 큰 몸으로 "워어-" "크앙!" 하는 것이 전부다. 물론 그렇게만 해도 단연 '타고난' 재능이 발휘되기는 한다.

정반대인 두 친구는 콤비가 되어 팀원을 모아서 재능을 증명할 수 있는 겁주기 대회에 출전하게 되는데 대회 전날 학장이 설리에게 이런 말을 한다.

"너는 마이크가 겁주기에 재능이 있다고 생각하니? 대답을 못 하는 것을 보니 너도 그렇게 생각하지 않는 것 같구나. 너처럼 재능 있는 아이가 그런 아이와 꼭 함께할 필요가 있을까?"

마이크가 좌절할까 봐 지켜주고 싶었던 설리는 착잡한 마음으로 밤을 보내고, 몰래 기계를 조작하여 마이크가 최고 점수를 받고 팀이 우승하도록 한다. 그러나 결국 마이크와 팀원들이 그 사실을 알게 되어 설리에게 실망하고, 스스로의 힘으로 자신이 무섭다는 사실을 증명하고 싶은 마이크는 홀로 위험한 인간 세계로 들어간다.

인간 아이 앞에 서게 된 마이크는 아이를 향해 온갖 무서운 표정을 지어보이지만 아이는 "아이, 귀여워." 하는 반응을 보인다. 마이크는 자신이 정말 무섭지 않다는 사실을 직면하고는 좌절하고 만다.

이때 마이크는 자신을 구하러 인간 세계로 들어온 설리와 자신의 재능에 대해서 이야기를 나눈다.

"난 노력하면 될 줄 알았어. 보여주고 싶었거든, 마이크 와조스키가 특별하단 걸."

"넌 무섭지 않아, 조금도. 하지만 너는 도전하는 것에 두려움이 없어. 나는 늘 두려운데 말이지. 두려움을 두려워하지 않는 것, 그게 너의 특별함이지."

둘은 서로에게 마음을 고백하고 화해를 한 뒤 위험한 인간 세계에서 힘을 합쳐 최강의 무서움을 보여주고 탈출하게 된다. 바로 마이크의 전략과 설리의 재능을 합친 힘으로 말이다.

그 일을 계기로 둘은 결국 대학교에서 퇴학을 당하고, 몬스터 주식회사 청소부에서 우편배달부서 등을 거쳐 마침내 당당한 겁주기 부서로 입사하게 된다. 마이크는 관리 및 기획 부서로, 설리는 겁주기 재능을 발휘할 수 있는 현장 부서로. 〈몬스터 주식회사〉를 보면 마이크와 설리는 광고를 찍을 만큼 유명해지며 사장, 사원 그리고 어린 몬스터들에게 롤 모델이 되는 훌륭한 인재로 성장하게 된다.

〈몬스터 대학교〉에서 또 하나 생각해볼 거리는 '잘하는 일과 좋아하는 일'이다. 주인공 마이크는 겁주기 일을 무척 좋아하지만 타고난 외형이 받쳐주지 않아서 잘하지 못한다. 그래서 겁주기 일에서 가치가 없는 존재로 인식되는데 마이크는 같은 몬스터라도 더 겁나게 만들어주는 상황 설정과 전략의 최고봉이라고 할 수 있다. 이 역시 겁주기를 좋아하기 때문에 할 수 있는 일이라고 할 수 있다. 설리는 겁을 주기에 최적화된 외형을 타고났지만 공부를 싫어하고 머리 쓰는 일도 싫어하는 데다 다른 사람을 챙기는 일에도 관심이 없다. 그런 설리는 마이크를 만나 재능을 한껏 펼치고 훌륭한 겁주기 사원으로 거듭날 수 있도록 도움을 받는다.

좋아하는 것과 잘하는 것은 다른 것 같지만 서로 연결되어 있다. 좋아하는 일을 하기 위해서 자신이 잘하는 것을 잘 접목시키는 것이 중요한 것이다.

존재가치란 무엇인가?

마이크는 자신의 외모가 보잘것없기 때문에 가치를 인정받기 위하여 노력한다. 열심히 공부하고 몬스터들을 모으고 격려해서 팀을 이끌어간다. 그러나 다른 몬스터들은 더 무섭게 만들어주면서 정작 자신은 여전히 무섭지 않은 몬스터라며 스스로 가치가 없다고 생각하게 되고 그것은 좌절로 이어진다. 작고 귀엽고 사랑스러운 외모로는 절대 무서운 몬스터가 되어 비명 에너지를 모을 수 없고, 모두가 가고 싶어 하는 몬스터 주식회사에도 입사하지 못할 것이라고 생각한다. 그렇게 대학생활을 하던 중 마이크는 여러 사건을 통해 자신의 가치를 찾아가는데, 알고 보니 타인을 배려하고 격려해서 능력을 최상으로 끌어올릴 줄 아는 재능이 있는 최고의 전략가였던 것이다.

무엇보다 마이크의 놀라운 존재가치는 다른 몬스터들의 가치를 알아봐주는 것이었는데, 마이크네 팀의 구성원을 보면 설리를 제외하고는 모두 몬스터 세계에서 낙오자로 분류된 존재들이다. 무섭지 않으면 존재가치가 없는 몬스터 세계에서 마이크는 그들을 훈련시키고 자신감을 불어넣으며 훌륭한 전략으로 그들에게 승리를 맛보게 한다.

겁주기 대회에서 예선 탈락이 예상되었지만 거듭 승리하면서 결승에 진출하기까지 그들은 서로의 가치를 발견해주는데, 그 중심에는 마이크가 있었다. 심지어 다른 사람과 협력하는 것에는 조금도 관심이 없는 이기적인 설리가 친구를 위해 기계 조작까지 하게 만드는 존재인 것이다.

처음부터 자신의 가치를 알고 있다면 더없이 좋겠지만 우리는 흔히 무언가를 시도하고 좌절하고 다시 시도하면서 자신의 진정한 가치를 발견하게 된다. 어쩌면 자신의 가치를 발견하기 위해서는 이런 과정이 꼭 필요한 건지도 모르겠다.

몬스터가 무서움으로만 존재가치를 증명하는 것이 아니듯이 모든 사람이 한 가지 재능으로만 존재가치가 증명되는 것은 아니다. 특히 공부라는 재능으로 존재가치가 증명되고 있다면 그것에 대해서는 모두가 머리를 모으고 심각하게 고민해봐야 할 일이 아닐까 싶다. 우리 모두는 각자의 재능이 있고 그것을 발견해가는 것이 '진로'이다. 여기에서 진부하고 중요한 이야기를 꼭 덧붙이고 싶다. 어떻게 한 사람의 가치가 재능이 있고 없고로 결정될 수 있는가. 그냥 그 자체로 가치가 있다는 것을 아는 것이 우리에게 가장 필요한 재능이 아닐까?

이제는 우리가 꿈과 진로에 대해서 마주해야 할 철학이 있다. 바로 '무엇이 될까?'에서 '무엇이 되든 상관없이'로 옮겨가는 것이다. 무엇이 되어야만 가치 있는 사람이 되는 것이 아니라 무엇이 되지 않아도, 무엇이 되든 상관없이 가치가 있다는 것을 이 사회가, 어른들이 들려주고 물려줘야 할 때다. 그래서 자신이 가장 무서운 겁주기 선수가 되지 않아도 충분히 가치가 있음을 빠르게 눈치 채게 해주기를 기대한다.

그동안 조연이나 악당으로 등장했던 몬스터를 통해서 이런 점들을 발견할 수 있게 해주는 이 놀라운 영화에 찬사를 보내고 싶다. 단순히 누구라도 주인공이 될 수 있다는 점을 넘어서 몬스터와 나를 동일시해서 가치를 찾아가게 하는 영화이기에 생각할수록 신선하고 의미가 있다.

애니메이션 제작사
비교

★

항목	월트 디즈니	픽사	드림웍스
창업주	디즈니 형제	스티브 잡스, 존 래시터, 애드 캣멀 공동 인수 및 확장	제프리 캐천버그(디즈니와의 불화), 스티븐 스필버그, 데이비드 게펜
대표작	〈라이온 킹〉〈인어공주〉〈뮬란〉〈포카혼타스〉〈겨울왕국〉〈라푼젤〉 등	〈라따뚜이〉〈토이 스토리〉〈인사이드 아웃〉〈몬스터 대학교〉〈니모를 찾아서〉〈업〉 등	〈슈렉〉〈쿵푸팬더〉〈마다가스카〉〈가디언즈〉〈장화 신은 고양이〉 등
특징	• 기술 스태프 – 1,000명 • 최근 픽사 인수 (디즈니 픽사) • 저작권에 민감함 • 장르가 다양함 • 미키마우스 시리즈로 시작, 공주 스토리, 권선징악, 주인공의 해피엔딩 • 최초로 음악 삽입, 뮤지컬적인 구성, 주인공의 노래, 순수하고 예쁜 배경, 성이 많이 나옴	• 기술력이 좋음 • 3D애니메이션 보여줌 • 실사영화 발전에 도움 줌 • 팬레터를 받지 않겠다고 발표 • 엔딩에 스토리 및 NG 장면 보여줌 • 선입견을 깰 수 있는 스토리가 많음 • 합병 후 점차 디즈니화되어감에 실망하는 팬 층 생김	• 디즈니에 적대적 • 거칠거나 B급의 등장인물 스토리 • 모자란 주인공을 통한 다양한 에피소드 • 사람이 아닌 캐릭터들의 등장이 많음 • 어른, 아이들에게 모두 인기 • 동글동글한 곡선 느낌의 캐릭터와 화면구성 • 언 해피엔딩 (디즈니와 반대) • 사회문제를 다룬 스토리가 많음

09

"원가족이 주는
내면의 힘"

"좋지, 혼자 살다 셋이 살게 되면.
힘들거든. 세상 사는 거 참 힘들어. 근데 그 힘이 3배가 되니깐 좋지."
"힘이 3배로 드는 게 아니고?"
"그럼 하나 더 낳지 뭐. 그럼 힘이 4배가 되니까. 가족 때문에 힘들 것 같지만
결국 힘이 되어주는 것도 그 사람들이야."

영화 인문학 주제로 많은 키워드를 다루게 되는데 그중에서 '가족'이라는 키워드로 이야기를 나눌 때 가장 울림이 큰 것 같다. '가족'은 저마다의 이유로 자기 자신에게 영향을 미치고 있고, 부모님과의 관계, 형제와의 관계, 배우자와의 관계 그리고 자녀와의 관계에 특별한 이야기들이 숨어 있기 때문이다.

여러분은 '가족'이라는 단어를 들으면 어떤 감정이 올라오는가? 가족 영화를 다루기 전에 항상 물어보게 되는 첫 질문인데 고맙다, 그립다, 사랑한다, 뭉클하다, 소중하다, 마음이 아프다 등 감정의 가장 절정을 이루는 단어들을 많이 얘기한다.

가족 영화들이 말하고자 하는 것

부모 교육을 하면서 특히 영화 〈헬로우 고스트〉를 많이 다루는데 특강을 제외한 여러 회기의 부모 교육에서는 중간에 꼭 한번 나누게 되는 영화이다. 보통 부모 교육에는 아빠들보다 엄마들이 많이 오기 때문에 가족이라는 단어에 대한 감정을 물어봤을 때 "미안해요, 고마워요, 소중해요, 목숨과 같아요, 그리워요." 등의 말을 듣곤 했는데, 최근 어느 아빠 교실에서 같은 질문을 했을 때 "책임, 가장, 아이들, 잘해야죠, 돈 열심히 벌어야겠다."와 같은 말을 하는 것을 보고 신기했던 적이 있다. 모두가 그렇지는 않겠지만 가족이라는 단어 앞에 '감정'보다는 '역할'이 더 앞서는 것이 느껴져서 마음이 아릿했던 기억이 남아 있다.

가족은 저마다의 이유로 특별하다. 아이들은 나와 부모 그리고 형제들과의 연결에 깊은 관심을 보인다. 어른들에게는 부모님을 향한 마음 그리고 배우자와 자녀를 향한 마음이 여러 갈래로 특별하게 다가오는 것 같다.

가족과 관련해 여러 사례를 경험하게 되는데, 한 예로 '꿈 보드 만들기'라는 청소년 프로그램을 진행하면 아직은 꿈이 없다며 쓸 것이 없다고 하는 친구들도 '어른이 되어 우리 가족에게 해주고 싶은 것들'을 적는 부분에서는 거의 모든 친구들이 하나씩은 적는데, 그 내용이 코끝이 찡할 정도로 감명 깊다.

어른이 되면 엄마아빠에게 집 사주고 싶다고도 하고, 차 사주고 싶다고도 하고, 여행 보내주고 싶다는 경우도 많다. 다 모여서 살고 싶다는 친구들도 있고, 일 안 하게 해드리고 싶다는 친구들도 있다. 하나 아주 강렬하게 기억에 남아 있는 것은 "어른이 되어서도 매일 사랑한다고 말하기"였다. 아이들이 가족을 향해 이런 마음을 가지고 있다는 것이 확인될 때마다 가족은 우리에게 정말 큰 영향을 미치고 있다는 것을 실감한다.

가족에 대해서 좀 더 이야기를 나눠보자면, 부모와 자녀 그리고 형제 이런 관계뿐만 아니라 함께 사는 형태 모두가 '가족'이 될 수 있다.

예를 들어, 영화 〈아저씨〉의 경우 가족의 또 다른 형태를 보여주는데, '이웃 아저씨'가 자신에게 가족애를 느끼며 따르는 이웃의 한 아이를 '왜 저렇게까지 지키지?' 싶을 정도로 목숨을 걸고 지켜내는 이야기라고 할 수 있다.

영화 〈행복 목욕탕〉 역시 '엄마'라는 키워드를 바탕으로 친엄마 친자녀의 관계가 아닌 '세 모녀'의 이야기가 주를 이룬다. 영화 〈고령화 가족〉이나 〈열한 번째 엄마〉 또한 시대 변화에 따른 새로운 가족 형태를 보여준다. 가족의 모습이 어떠하든 가족과 관련된 이야기는 몇 가지 규칙을 보인다.

- 결국은 가족이다
- 사랑과 헌신의 발견과 깨달음
- 가족 개개인의 독립과 인정
- 가족 간의 상처를 회복하고 벗어남
- 새로운 가족 형태에서 진정한 가족 만나기
- 반성과 후회, 지나간 것에 대한 미안함

그리고 마지막으로 '가족에서 혹은 가족이 아니었던 것에서 가족으로 되어가기' 정도로 정리할 수 있다. 어찌됐건 이 모두가 가족은 소중한 존재라는, 사람들의 근원적인 그리움과 사랑을 전제로 발산되는 것이라고 할 수 있겠다.

'가족이 없다'라는 말이 가능할까?

영화 〈헬로우 고스트〉는 이런 가족의 형태에 대한 이야기뿐만 아니라 '원가족'에 대해 쉽게 접근할 수 있게 그러면서 그 깊이를 순식간에 느낄 수 있도록 연출한 영화라 평할 수 있다.(혹시 아직 이 영화를 안 봤다면 영화를 본 뒤에 이 글을 보기를 권한다. 반전 스포일러 책임 안 짐.)

'원가족'이라는 개념이 무척 낯설 텐데, 그 이야기를 영화의 장면 이야기와 함께 나눠보려고 한다.

배우 차태현이 연기하는 주인공 상만은 어릴 적부터 가족이 없다. 부모의 얼굴도 형제도 전혀 기억하지 못한다. 있었는지, 어쩌다 혼자가 됐는지 등 아무 정보가 없는 혈혈단신 고아다.

주인공 상만은 혼자서 열심히 살아가지만 늘 제자리인 것 같다. 극심한 외로움 속에서 거듭 자살을 시도하지만 그 시도는 번번이 실패로 끝난다. 그러던 어느 날 한 모텔에서 수면제를 많이 먹고 쓰러졌다가 다시 깨어나게 된다. 영화에서 죽을 뻔하다 살아난 뒤로 여러 현상이 나타나는 이야기를 많이 접했을 것이다. 이 영화에서도 죽을 뻔하다가 살아난 상만에게 어떤 현상이 나타나는데 바로 귀신이 눈에 보이는 것이다. 그것도 한 명이 아니라 종류별로 보이는데 술과 여자를 몹시 좋아하는 할아버지 귀신, 담배를 많이 피는 아저씨 귀신, 끊임없이 우는 여자 귀신, 장난꾸러기 초등학생 귀신이 늘 함께 붙어 있게 된다.

여러분은 혹시 귀신과 같이 살게 되면 어떻게 해야 되는지 아는가? 어떻게 해야 귀신이 떠나는지 알고 있는가? 많은 드라마와 영화에서 이 방법을 추천하고 있는데, 바로 소원 들어주기다. 한을 풀어줘야 귀신은 떠난다. 삶에서 이런 노하우 하나쯤은 알고 있어야 하니 새겨듣기 바란다.

그리하여 주인공 상만은 자신 앞에 나타난 다양한 귀신들의 살아생전 못다 한 소원을 들어주기 위해 노력한다.

할아버지 귀신은 살아생전 빌렸던 카메라를 친구가 죽기 전에 돌려줘야 하고, 초등학생 귀신은 〈로보트 태권브이〉 영화를 보는 것이 소원이다. 그리고 우는 여자 귀신은 같이 장 보고 음식 차리는 것을 하고 싶어 한다.

아저씨 귀신의 소원을 들어주는 장면에서는 가족과 관련된 대사가 가장 많이 나온다. 바다에 가서 수영하는 것이 소원인 아저씨 귀신을 따라 바다에 처음 온 상만이 아저씨 귀신에게 묻는다. 지금 상만은 막 관심이 가기 시작한 여자가 있는 상태다.

"결혼하면 어때?"

"가족이 생기면 그만큼 힘들겠지?"라고 말하는 상만에게 살아생전 가족이 있었던 아저씨 귀신은 말한다.

"힘들 것 같아도 가족이 힘이 돼. 세상 사는 거 참 힘들거든. 가족 때문에 힘들 것 같지만 결국 힘이 되어주는 것도 그 사람들이야."

가족이 주는 힘이라는 것이 무엇일까? 가족 간에 갈등이 있고 어떨 때는 몹시 원망스러운데 그럼에도 결국 가족이 힘이 된다는 건 어떤 것일까?

가족이라는 단어만큼 '사랑'이랑 가까운 단어가 또 있을까? 사랑 안에는 원래 고마움, 애증, 그리움, 원망, 서운함, 간절함 등의 단어가 같이 들어 있는 거라고 한다. 가족은 그만큼 많은 감정을 동반한다.

한 초등학교에서 '세상에서 가장 끝까지 가져갈 소중한 단어'라는 주제로 프로그램을 진행한 적이 있다. 좋아하는 단어들을 모두 적게 한 뒤 그 단어들 중에서 10개, 5개, 3개, 1개로 선택해가는 프로그램인데 수가 줄어들 때마다 왜 그 단어들을 선택했는지 설명을 해야 한다. 많은 아이들이 좋아하는 단어들 앞에서 아주 심각하게 고민을 한다. 기껏 어렵게 골라냈는데 그중에 또 골라야 하니 말이다. 좋아하는 어떤 단어를 선택하려면 좋아하는 다른 단어를 포기해야 하니 참 힘든 작업임에는 틀림이 없다. 5개, 3개 그리고 마침내 마지막 1개를 골라야 하는 단계에서는 더 진지하게 고민을 한다.

이렇게 해서 마침내 결심하여 고르는 단어 중에 가장 많았던 단어가 바로 '가족'이다. 아이들도 자신에게 가장 소중한 것이 '가족'이라고 말하고 있는 것이다.

이런 가족이 없어서 자신의 인생이 불행하다고 생각하는 상만은 아저씨 귀신과 나누는 이야기에서, 그리고 단속에 걸려 들어간 경찰서에서 가족 이야기를 하며 어디 있는지도 모르고 기억도 나지 않는 가족을 원망하고 그리워한다.

"보호자 데려와요. 직계가족 없어요?"라는 경찰의 말에 "직계가족 없으면 저 잡아갈 겁니까?"라고 말하는 장면은 가족에 대한 아픔이 고스란히 드러나는 장면이다.

아저씨 귀신의 소원을 들어준 덕분에 상만은 생전 처음 바다도 보고 수영도 배운다(귀신은 몸이 없기 때문에 상만의 몸을 함께 쓰는데 이를 이 계통의 전문용어로 '빙의'라고 한다. 귀신의 소원을 들어주기 위해서 어쩔 수 없이 자신의 몸으로 바다에 들어가 수영을 해야 하기 때문에 수영을 배우게 된 격이다). 상만은 귀신들의 소원을 들어주면서 처음으로 함께 사는 가족이 생겼는데 그게 사람이 아니라 귀신이라는 것만이 상만 입장에서는 아쉬운 점이다.

여기서 잠깐. 경찰서에 있을 때 보호자 격으로 나타난 여자 주인공 연수(곧 남자 주인공과 사랑에 빠질 게 확실해 보이는)가 상만의 가슴에 기대어 귀를 기울이는 장면이 있다. 마치 안기는 것처럼 보이지만 호스피스 병동 간호사인 연수는 사람들의 심장소리를 확인하는 습관이 있어 상만의 심장소리를 들은 것이다.

자, 그러면 이 장면이 은유하는 바를 인문학적으로 생각해볼까? 왜 하필이면 여자 주인공이 이런 습관을 갖고 있다고 설정했을까? 앞에서 말한 것처럼 연수는 호스피스 병동의 간호사다. 호스피스 병동은 죽음이 임박한 환자가 머무는 곳이라 누가 언제 생을 마감할지 모른다. 여기에서 '심장소리'는 살아있음의 명확한 증거를 나타낸다. 그런데 상만의 경우 죽음이 임박한 환자가 아님에도 연수는 상만의 심장에 귀를 갖다 댄다. 바로 살아있음의 확인. 목숨이 붙어 있는 것만이 아니라, 생생하게 살아있음을 은유적으로 나타내주는 장면이라고 할 수 있다. 상대방이 살아있음을 내가 확인하는 것이지만 이런 나의 행위를 통해 상대방에게 네가 살아있음을 알리는 것이라고 할 수 있겠다.

가족을 넘어 '원가족'의 힘이란?

상만은 귀신들의 소원을 들어주면서 삶의 재미를 느끼고 외로움을 극복해가는 것으로 보인다. 귀신한테 화를 내기도 하고, 대화를 나누기도 하고, 속을 털어놓기도 하면서 '함께 사는 것'을 느끼며 삶을 점점 사랑해가는 것처럼 보인다.

상만이 귀신들의 소원을 모두 들어주어 귀신들이 떠날 때가 다가오고 상만과 연수는 연인이 되어가던 어느 날, 우는 여자 귀신이 싸준 김밥(연수는 상만이 싼 김밥이라고 생각함)을 공원에서 같이 먹던 연수가 묻는다.

"어제부터 궁금했는데 보통 김밥에 시금치를 넣잖아요. 그런데 상만 씨는 미나리를 넣네요."

"아, 그거요? 우리 엄마가 미나리가 피에 좋다고 늘 김밥에 시금치 대신 미나리를 넣었거든요."

상만은 말을 하는 동시에 몹시 놀란다. 그리고 입술이 떨리고 눈물이 고이더니 집으로 달리기 시작한다. 기억에도 없던 엄마 얼굴이 생생하게 떠오른 것이다. 미나리를 넣은 김밥을 싸서 어린 상만의 입속에 넣어주던 엄마의 모습. 그 엄마는 다름 아닌 자신 앞에 나타나 소원을 들어달라고 하던 우는 여자 귀신이었다.

그리고 다른 귀신들도 실은 자신의 아빠, 형, 할아버지였다. 망각에서 깨어난 상만은 모든 것을 기억해낸다. 어릴 적 차 사고로 가족들이 모두 죽고 혼자만 남았다는 것을. 그래서 차가 무서워 운전면허도 없고, 너무나 충격이 커서 기억을 하지 못했음을.

이 영화에서 홀연히 나타난 귀신들이 가족으로 밝혀지는 장면은 엄청난 반전이면서도 가슴 먹먹한 눈물을 안겨준다. 그리고 무엇보다 늘 자신에게 가족이 없다고 말하던 주인공 상만에게 가족이 분명하게 있다는 것이 드러나는 놀라운 전환이기도 하다.

아직 떠나지 않은 귀신들, 즉 가족들과 마침내 가족으로서 인사를 나누는 상만의 모습은 내내 긴 여운을 남긴다. 그리고 살아생전에 하지 못했던 가족사진 촬영을 하는데, 화면이 전환되면서 사진에 찍히지 않는 귀신들의 모습은 사라지고 사진에는 덜렁 상만의 모습만 남는다. 늘 그렇듯이 혼자만 남는 것이다. 그런데 이어지는 사진을 보면 어릴 적부터 늘 독사진이던 상만의 사진 뒤로 가족들이 나타난다.

없는 것이 아니라 있는 것.

원가족의 개념을 가장 잘 보여주는 장면이라고 할 수 있다. 가족은 형태가 바뀔 수도 있고 있다가 없다가 할 수 있지만 원가족은 변화되거나 없거나의 개념이 아니다. 나를 중심으로 나를 낳아준 나의 부모, 같은 부모에게서 태어난 나의 형제, 나의 부모님을 낳아주신 할머니, 할아버지, 외할머니, 외할아버지까지가 원가족의 원형이다. 이것은 핏줄로 연결되어 있어 누구에게나 있고 누구나 있어야 태어날 수 있다.

엄마와 아빠가 없는 사람은 없다. 살아계시든 아니든 얼굴을 알든 모르든 상관없이 엄마와 아빠는 꼭 있어야 내가 존재한다. 이것이 바로 원가족의 개념이다. 원가족의 힘이란 나에게 그 연결이 있다는 것을 기억하는 것을 말한다. 나는 부모의 결합으로 태어난 존재, 부모의 힘을 물려받은 존재이며 나와 피를 나눈 형제들이 있다는 것. 그래서 원가족은 있다 없다의 개념이 아니라 있음만 존재한다. 그리고 그 있음의 인정이 나라는 존재를 힘 있게 만들어주는 것이다.

독일의 심리학자 버트 헬링거는 "성공은 엄마의 모습을 하고 있다"고 말한다. 나를 낳아준 부모를 향한 시선이 결국 나를 향한 시선이고 다른 연결을 해나갈 수 있는 원동력이라는 것이다. 또한 원가족의 힘을 믿는 것은 나의 존재를 온전히 신뢰하는 것과 강력하게 연결되어 있다고 이야기한다.

그렇게 주인공 상만은 자신 내면에 있는 원가족의 힘을 회복하고 연수와 함께 그토록 바라던 온전한 가족을 이룬다. 가족의 힘을 스스로 만들어가는 모습의 사진으로 이어지면서 영화는 끝이 난다.

여기서도 잠깐. 가족을 기억하지 못하던 상만의 망각이 왜 깨어졌을까? 상만은 왜 기억이 되살아났을까? 그렇다. 사랑받고 사랑해서. 귀신들, 사실은 가족들에게서 사랑을 받고, 한 여인을 사랑하고 그 사람에게 사랑받는 과정에서 기억하면 아플까 봐 단단하게 지키던 망각에 균열이 생기기 시작한 것이다. 마침내 기억이 돌아와도 아프지 않을 만큼 힘이 생겼을 때 더 이상 단단하지 않아도 되는 망각이 깨어져 모든 기억이 살아난 것이다.

이 영화에서 전해지는 가족의 느낌이 어떠한가? '가족'이라는 단어를 들으면 여러분은 어떤 단어와 감정들이 오가는지 지금 들여다봐도 좋겠다. 그리고 올라오는 감정을 그냥 있는 그대로 지켜봐도 좋을 것 같다. 가족이라는 단어 앞에서 저 깊은 곳에 있는 밑마음은 '사랑' 그 자체일 테니까.

가족을 주제로 한 영화

'가족'이라는 단어만큼 많은 감정을 불러일으키는 단어가 또 있을까?
가족을 주제로 하는 영화들 역시 사람들이 가지고 있는 가족을 향한 이런 많은 감정을 잘 반영하기 때문에 관객으로 하여금 치유와 안도, 사랑의 깨달음 등을 발견할 수 있는 기회를 준다. 다음은 가족을 주제로 한 영화들이다.

〈행복목욕탕〉 '엄마'에 대한 상처가 있는 세 모녀가 엄마의 사랑을 찾아가는 여정

〈괴물〉 사회라는 거대한 괴물 앞에 선 가족, 그리고 가족을 지켜내다.

〈니모를 찾아서〉와 〈도리를 찾아서〉 니모를 찾으러 나선 아빠는 자신을 찾고, 도리는 가족을 찾으며 자신을 찾는다.

〈패밀리맨〉 엄청난 부와 성공을 거머쥔 혼자 vs 평범한 샐러리맨이지만 가족과 함께

〈고령화가족〉 철이 없고 복잡하고 남루한 가족, 무엇이 '가족'으로 만들어주는가?

〈블라인드 사이드〉 누군가를 품는 가장 이상적인 방법은 '가족'이 되어주는 것

〈미라클 벨리에〉 청각장애인 가족을 돌봐야 했던 놀라운 성대를 지닌 벨리에의 독립과 비상

10

"감정들은 무엇으로부터
나를 보호하는가?"

"슬픔이었어.
엄마, 아빠, 하키 팀 모두 슬픔 덕에
라일리를 도울 수 있었던 거야.
슬픔아, 가지 마. 네가 필요해."

영화 〈인사이드 아웃〉을 보면 각각의 감정들에 이름이 있다. 기쁨이, 슬픔이, 소심이, 까칠이, 버럭이. 이것은 우리가 우리의 감정을 묘사하는 것과 같다. 마음이 기쁘다, 마음이 슬프다, 마음이 소심하다, 마음이 까칠하다, 마음이 버럭하다(이 '버럭하다'는 화가 난다로 표현할 수 있겠다).

이렇듯 사람들의 감정은 어떤 감정 표현과 연결된다. 그리고 이 표현들은 내 마음이 어떻다, 라고 타인과 스스로에게 드러낼 수 있는 언어가 된다.

그런데 사람들은 종종 감정을 이분법으로 나누기도 한다. 좋은 감정과 나쁜 감정. 예를 들어 기뻐하는 마음은 좋은 마음이지만 슬퍼하는 마음은 안 좋은 마음이라거나, 즐거움은 긍정적인 거고 화를 내는 것은 부정적인 거라고 하는 식이다. 그래서 늘 기쁘고 즐거워야 하고 슬퍼하거나 화를 내면 안 된다고 하면서 나쁜 감정이라고 생각되는 감정을 억누르기도 한다. 또 좋은 감정을 너무 드러내는 것은 점잖지 못한 모습이라고 생각해 자제하기도 한다.

감정들아, 거기 있어줘서 고마워

이 영화는 감정의 그런 부분을 아주 잘 표현해주고 있다.

영화에서 주인공 라일리와 감정이들은 마치 분리된 것처럼 보인다. 라일리와 다른 존재처럼 보이는데 감정이들은 주인공 머리 안에서 일어나는 라일리의 감정이자 생각들이다. 그러니까 결국 감정이들의 대화와 갈등은 라일리 내면에서 일어나는 의식과 무의식의 세계이다. 그것이 언어적으로 이루어지든 어떤 느낌으로 지나가든 혹은 습관처럼 대응하게 되든 결국 라일리가 하고 있는 것이다.

우리들도 그렇다. 매일 매순간 수많은 감정이 일어났다 사라지고, 감정에는 수많은 다른 감정과 연결된 생각, 결심, 각오 같은 것들이 따라붙는다.

그렇다면 감정들은 나에게 어떤 역할을 할까? 나의 감정들 중 쓸데 있는 것과 쓸데없는 것은 무엇일까?

영화에서 보면, 감정이들(기쁨이, 슬픔이, 소심이, 까칠이, 버럭이)이 주인공을 지키기 위해서 최선을 다하는 게 보인다. 기쁨이는 늘 행복하게 느끼게 하기 위해서 생각을 전환하거나 좋았던 기억을 떠올리려고 하고, 슬픔이는 슬픈 감정을 제대로 직면함으로써 다음 감정으로 넘어갈 수 있는 디딤돌이 되고, 소심이는 어떤 일이 일어날지 준비하고 생각하고 조심할 수 있게 한다.

까칠이는 '아닌 것은 아니다'라고 표현함으로써 당당하게 나를 내세울 수 있게 돕고, 버럭이는 부당한 것에 대해서 반항하고 저항할 수 있는 힘을 준다.

이 모든 감정이 결국은 나 자신을 지키고 있는 것이다.

그래서 감정 가운데 '쓸데없는 감정'은 없다. 오히려 그 감정이 '신호(시그널)'가 되기도 한다.

감정을 있는 그대로 수용하고 그것을 '신호'로 인지하기 위해서 가장 중요한 것은 감정을 '좋은 감정'과 '나쁜 감정'으로 나누지 않는 것이다. 내가 가지고 있는 감정은 모두 소중하다는 것, 그것에서 출발하면 된다. 좋은 감정과 나쁜 감정을 나누는 순간, 그 감정은 반쪽짜리 감정이 되거나 있는 그대로를 훨씬 넘어선 미화가 일어날 수 있다. 내게 일어나는 감정을 있는 그대로 수용하는 것, 그것이 나 자신을 지키는 일이다.

이런 질문을 가지고 한 중학교에서 사제동행 프로그램을 진행한 적이 있다. 영화 〈인사이드 아웃〉을 기반으로 "감정들은 무엇으로부터 나를 보호할까?"라는 주제로 이야기 나누었는데, 그때 나온 내용들을 그대로 공유해보면 다음과 같다.

기쁨이

- 인생에 즐거움을 부여하고 긍정 마인드로 슬픈 일로부터 보호해준다.
- 어떤 일에 포기 대신 시도를 부여한다.
- 하고 있는 일을 더욱 재미있게 즐길 수 있어 행복한 추억이 오래오래 기억에 남게 함

- 나이를 먹어도 기쁜 상상들을 떠올려 순수함을 잃지 않도록 보존해줌(어느 선생님 의견)

슬픔이

- 자기 자신을 위로해주고 극복할 수 있게 함
- 상대방과 공감해주고 심리적인 아픔을 제일 잘 이해해줌
- 기쁨이가 흥분할 때 억제해주는 역할뿐만 아니라 더욱 생각하게 하여 성장시켜줌
- 깊은 고독에 빠져 있는 것은 자신의 인생을 고민한다는 것이므로 자기 자신을 더욱 발전시켜줌

까칠이

- 자기가 싫어하는 것으로부터 보호해준다.
- 위험한 존재로부터 경계하고 까칠하게 대응하게 한다.
- 자신이 싫어하는 것에 대해 불만이 있기에 무엇을 비판할 때 확실히 의견을 표출하여 자신의 방향을 잃는 일로부터 보호함
- 무슨 일에 지나치게 얽히지 않도록 가릴 것은 가릴 줄 알게 해줌

버럭이

- 자신의 감정을 내뿜어 스트레스를 해소한다.
- 한번 심하게 화를 내고 금방 평온해지도록 계기를 만들어줌
- 가끔 화 한 번씩 안 내면 사람이 좀 만만해 보이는데 자기 자신은 생각보다 약하지 않다는 것을 나타냄으로써 자신을 보호함

소심이

- 주의력을 키워준다.

- 생각을 더 신중하고 깊숙하게 할 수 있게 해준다.

- 쇼핑할 때 필요성을 생각하며 덜 충동적으로 선택하게 해줌

- 어느 위험한 일에 제3자가 타이밍 나쁘게 끼어서 피해볼 일을 아주 조심스럽게 막아줄 수 있다.

- 자신이 소심하기에 다른 소심한 사람들을 이해해줄 수 있고, 발전할 때도 서로 같이 발전할 수 있게 해줌

감정은 어떤 신호를 보내고 있는가?

위에서 말한 것처럼 감정들은 어떤 방향으로 나를 안내해가는 안내자이기도 하다. 감정들이 신호라고 할 때 신호를 잘 따라가기 위해서는 신호를 잘 살펴야 한다. 만약 주의 깊게 살피지 않으면 신호를 잘못 읽어서 전혀 엉뚱한 곳에 다다를 수도 있다. 특히 감정들이 나를 어디로 가도록 할 것 같은가? 과연 나를 어디로 안내해가는 신호로 작동할까?

감정들은 내가 가장 원하는 것, 내가 가장 행복한 곳으로 나를 안내해간다. 예를 들어, 어떤 일을 하는데 그 일을 할 때마다 슬프고 버럭대기만 한다면, 그래서 그것을 회피하고 싶고 그만하고 싶다면 그

것이 신호이다. '얼른 네가 행복한 곳으로 가렴.' 하고 신호를 보내는 것이다.

만약 어떤 사람과 함께 있는데 기쁘고 평온하다면 그것 역시 신호를 보내고 있는 것이다. '그 사람과 좋은 관계를 오래 이어나가렴.' 하고. 물론 우리는 이 감정의 신호를 잘 따르고 있지만 가끔은 그 신호를 무시하거나, 억누르거나, 다른 신호로 바꾸려는 시도를 할 때가 있다. 그것 역시 필요할 때도 있지만 반복적으로 어떤 감정이 일어난다면 그것을 잘 들여다볼 필요가 있다.

여기에서 '밑마음'이라는 단어가 등장하는데, 개인적으로 참 좋아하는 단어다. 마음은 마음인데 더 심연에 있는, 나의 가장 밑바닥에 있는 진짜 마음.

"과연 나의 밑마음은 무엇인가?"

우리가 감정을 표현하는 데 참 서툴다고 말할 수 있는 것이 대개 웬만한 마음들은 '화'로 표현한다. 달리 표현하는 방법을 본 적이 별로 없고 자신도 어찌할 바를 몰라서 '그냥 화를 내는' 것이다.

슬퍼도 화를 내고, 속상해도 화를 내고, 서운해도 화를 내고, 답답해도 화를 내고, 당혹스러워도 화를 내고, 창피해도 화를 낸다.

화가 왜 나는지를 잘 살펴보면 그 아래로 다른 감정이 하나 보인다.(안 보인다고 화내기 없기!) 내가 왜 화가 났을까를 거슬러 올라가는 것도 좋은 방법이다. 그렇게 살펴보고 알아차리고 들여다보면 어떤 일로 인해 서운한 감정을 만날 수 있다. '아, 서운하구나.' 그러면 여기서 멈춰도 되지만 이왕 감정 이야기를 나누고 있으니 좀 더 들어가 보자. '왜 서운할까?'를 물어가는 것이다.

'과연 나는 왜 서운했을까?' 그 감정을 거슬러 올라가면 인정받고 싶어 하는 내가 서 있다. 혹은 사랑받고 싶어 하는 내가 서 있기도 하다. 내가 기대한 만큼의 반응이 오지 않아서일 수도 있고, 나는 그런 마음이 아니었는데 몰라줘서일 수도 있고, 나는 상대방을 그렇게 대하지 않았는데 나를 그렇게 대해서일 수도 있다. 계속 이 질문을 따라가 보는 것이다.

"여기에서 나의 밑마음은 무엇일까?"

감정 세계에서 늘 신기한 것이 하나 있다. 여기에서 신기하다는 표현은 번번이 어느 것으로 귀결되는 것에 대한 감탄이라고 생각해주기 바란다. 감정의 밑마음을 묻고 묻다 보면 항상 도달하는 곳은 '사랑'이다. 인정받고 싶고, 사랑받고 싶은 것이다. 내가 사랑하는 마음을 몰라줘서 속상하다면 이것 역시 사랑하는 마음을 인정받고 싶어서인 것이다. 관계가 소홀해져서 답답하다면 그 마음의 근원은 사랑받고 사랑하고 싶어서다.

사실 인간의 가장 심연에 있는 밑마음은 모두 사랑에서 비롯된다. 그러니 이 감정들을 들여다보는 것은 사랑으로 가는 신호라고 할 수 있다.

내 감정을 표현하는 가장 좋은 방법은?

내 감정을 소중하게 다룬다는 것은 결국 나 자신을 소중하게 다룬다는 것이므로 올라오는 감정을 거부하거나 무시하지 말고 있는 그대로 인정하고 만나주는 것이 감정을 다루는 좋은 방법임을 영화는 말하고 있다. 여기에서 더 생각해봐야 할 것은 감정을 인정하는 것과 감정을 드러내는 것은 다른 차원이라는 점이다. 감정을 수용한다는 것이 꼭 감정을 드러낸다는 것을 의미하지는 않는다. 화가 났구나 하고 스스로 인정하는 것이 화를 내고 소리를 지른다는 의미가 아니듯이 말이다.

감정을 이해하는 것은 내면 성찰을 의미하고 감정을 드러내는 것은 소통에 관한 부분이라고 할 수 있다. 즉 감정을 수용하는 것은 나와의 관계이고 감정을 드러내는 것은 타인(세상, 다른 사람 등)과의 관계이다.

예를 들어, 내가 화가 난 것을 알아차리고 그 밑마음을 들여다보면 어떻게 표현할 것인지 선택할 수 있는 시간이 생긴다. 화가 나자마자 마치 공을 튕기듯이 바로 반사적인 반응을 하는 것이 아니라 앞에서 말한 것처럼 밑마음으로 유영을 하다 보면,

"나 화났어."라는 표현만이 아니라,

"나 사실은 그걸 몰라주는 것 같아서 서운했어." 그리고

★ 인사이드 아웃

"내가 가장 원한 것은 그 마음을 인정해줬으면 하는 거야."로 표현이 발전될 수 있다. 화가 났으니 수용하고 화를 내야지가 아니라 표현을 선택하는 시간을 갖고 그중에서 가장 좋은 방법을 선택하는 것, 그것이 소통이다.

여기서 잠깐. 감정과 아주 가까이 연결되어 있는 단어, '감성'과 '감수성'의 차이를 아는가?

"감성: 자극이나 자극의 변화를 느끼는 성질.

감수성: 외부 세계의 자극을 받아들이고 느끼는 성질."

감성은 나와의 관계이고, 감수성은 세상과의 관계이다. 비가 오는 장면을 보고 "와아, 비가 오네. 마음이 차분해진다."라고 하는 것이 감성이고, 누가 길 가다 넘어지는 것을 보면서 "아, 어떡하지? 너무 아프겠다. 괜찮아요?" 하는 것이 감수성이다.

이렇듯 감정은 나와의 연결 그리고 타인, 세상과의 연결에 아주 중심적인 역할을 한다.

현 시대에 혹은 사람 사이에 그리고 교육에서 필요한 것은 감성일까, 감수성일까?

나의 감정리더는 무엇인가?

영화에서 기쁨이는 라일리가 행복하기 위해서는 슬픔이가 없어야 한다면서 계속 밀어내다가 여러 사건을 통해 라일리의 행복을 위해서는 슬픔이가 꼭 있어야 한다는 것을 알게 된다. 그래서 영화 뒷부분에 기쁨이가 떠나는 슬픔이를 향해 이렇게 외친다.

"슬픔아, 네가 필요해."

무엇보다 이것이 기쁨이의 외침이라는 점이 참 인상적이다.

그리고 슬픔이가 돌아오자 새로운 환경이 힘들어 집을 나갔다가 다시 집으로 돌아온 라일리는 부모님 품 안에서 그동안 쌓여온 눈물을 흘린다. 그동안 눌러놨던 슬픔을 눈물과 고백으로 표현하고 나서 라일리의 표정이 편안해지는 모습은 이 영화에서 아주 인상 깊은 장면 중 하나라고 할 수 있다.

이 영화에서 또 하나의 키워드는 감정리더다. 등장인물들의 감정리더가 모두 다른데 영화 끝부분에 추가 영상으로 각 등장인물들의 감정리더를 보여주는 장면이 나온다. 라일리는 감정리더가 '기쁨이'고, 아빠의 감정리더는 '버럭이'며, 엄마의 감정리더는 '슬픔이'다. 재미있는 것은 버스 운전기사의 감정리더가 '버럭이'라고 표현하는 부분인데 아마도 운전을 하는 순간에는 감정리더가 버럭이로 변하는 사람들이 많지 않을까?

우리 스스로에게도 감정리더가 무엇인지 질문해볼 수 있는데 기쁨이, 슬픔이, 소심이, 까칠이, 버럭이 중에서 나의 감정리더 1순위와 2순위를 한번 골라보는 것이다. 어떤 질문에든 스스로 답을 할 때 중요한 것은 왜 그렇게 생각하는가다. 나의 감정리더 1순위로 버럭이를, 2순위로 기쁨이를 선택했다면 그렇게 생각하는 이유를 떠올려보자.

그 어떤 것도 답이 될 수 있지만 그 어떤 것도 정답은 아니다. 여기에서 핵심은 나의 감정리더가 무엇인지 정확하고 정교하게 찾는 것이 아니라, 내가 그 감정을 리더라고 생각하는 이유를 들여다보는 것이다.

어느 고등학교에서 이 질문을 한 적이 있는데 한 남학생의 대답이 1순위-소심이, 2순위-기쁨이었다. 왜 그렇게 생각하느냐고 물으니, 자신의 행복을 위해서 신중을 기하기 때문에 자신은 소심이가 1순위라고 생각한다는 것이다. 1순위를 소심이로 뽑고 '나는 소심해'로 끝나는 것이 아니라 이것을 '신중'이라는 키워드로 해석하고 자신의 행복을 위함이라고 표현하는 것이 오랜 여운으로 남아 있다. 감정리더를 묻고 그것의 순위를 나열해보는 것은 감정의 순위를 정해서 그것으로 나의 성격 유형을 알고자 함이 아니다. 나를 들여다보는 성찰 기회를 갖는 것이 핵심이기 때문에 내가 감정리더 순위를 그렇게 꼽은 이유를 생각해보는 것이 중요하다.

나의 감정리더를 한번 생각해보자면 1순위-기쁨이, 2순위-소심이인 듯한데, 이유는 기본적으로 기뻐하는 감정을 무척이나 좋아하는 것 같으며 기쁨을 맞이할 준비가 늘 되어 있는 것 같아서다. 그러면서도 무언가를 마주할 때 잘못되면 어떡하나 걱정이 많고 경우의 수를 아주 많이 생각해두는 경향이 없지 않아 있다. 가만히 생각해보면 소심이가 1순위일 때가 더 많은 것 같기도 하고…. 어떤 새로운 일을 맞이할 때 기대감을 가지면서도 늘 두려움으로 맞서는 나를 보게 된다.

자, 그렇다면 여러분에게 이 질문을 다시 한 번 건네보겠다. 여러분의 감정리더 1순위와 2순위는 어떻게 되는가? 어떤 감정이 우선순위여도 괜찮다. 왜 그렇게 생각하는지 스스로 들여다보는 시간을 갖는 것이 핵심이니까.

인문학은 왜 그럴까를 물어주는 것이다. 나에게, 상대에게.

이 영화는 감정이 성숙되어가는 과정을 아주 창의적인 방법으로 연출했다는 평을 받고 있는데 아이디어가 정말 신선하다. 이 영화의 감독은 인터뷰에서 개인적으로 버럭이 캐릭터를 가장 아낀다고 했는데 그 이유는 자신과 닮아 있고 버럭이에게 '기대고 싶은 친구'라는 의미를 부여했기 때문이라고 한다.(내 주변에 버럭이 같은 친구가 있으면 얼마나 든든하겠는가? 가끔 조마조마한 것을 빼면.) 이 인터뷰 내용을 보면 버럭이가 단순히 화내고 분노하는 것만을 의미하는 것이 아님을 잘 알 수 있다.

감정이 캐릭터들은 제각각 어떤 모양을 본떠 만든 건데, 기쁨이는 별을, 슬픔이는 뒤집어놓은 눈물 모양을, 소심이는 세포 모양을, 그리고 까칠이는 브로콜리 모양(영화에서 라일리가 가장 싫어하는 채소가 브로콜리다)을, 버럭이는 벽돌 모양을 형상화한 것이라고 한다. 그리고 원래는 여섯 가지 감정으로 설정하였는데 바로 '놀람이'까지였다고 한다. 아마도 〈인사이드 아웃 2〉가 나온다면 놀람이도 캐스팅되지 않을까 싶다.

이 밖에도 여기에서는 다루지 않았지만 엉뚱섬이라든가 빙봉이, 가장 무서운 기억 속의 존재가 삐에로라는 것, 생각기차, 장기기억장치 등 내면 세계를 아주 재미있으면서도 공감할 수 있게 그리고 있어 이야기해볼 만한 것이 많은 좋은 영화다.

감정 세계를 들여다봄으로써 나를 들여다보게 하는 영화. 그래서 이 영화의 제목이 '인사이드 아웃(안에 있는 것을 뒤집어 본다는 의미)'인가 보다.

11

8월의 크리스마스

"수많은 '행복한 현재'가
모이는 곳, 사진관"

"내 기억 속의 무수한 사진들처럼
사랑도 언젠가는 추억으로 그친다는 것을 나는 알고 있었습니다.
당신만은 추억이 되질 않았습니다.
사랑을 간직한 채 떠날 수 있게 해준 당신께 고맙다는 말을 남깁니다."

1998년에 개봉한 영화 〈8월의 크리스마스〉가 2013년 가을 즈음 재개봉했을 때 아련한 그 느낌만 갖고 영화관으로 갔다. 나는 영화를 보는 내내 단 한 번도 움직이지 않은 것 같다. 단 하나의 동작도 하지 않았다는 증거로 볼에 눈물이 그대로 흐르고 있었고 손은 그대로 모아져 있었다. 몹시 바쁜 날들 중 하루였는데 영화가 끝나는 순간 목에서 쉬던 숨을 가슴으로 돌려준 것처럼 천천히 고요한 숨을 쉬고 있었다.

영화는 느리게 흘러가면서 마음을 따스하게 채워갔고 비어 있는 것 같았지만 사실 '공간'으로 가득 채워진 것 같았다.

처음 봤을 때의 〈8월의 크리스마스〉도 분명 좋았지만 다시 보는 〈8월의 크리스마스〉는 많이 달랐다. 영화는 그대로인데 내가 변한 것이겠지. 내가 너무도 변해 있어서 영화의 호흡과 공간과 사이와 여백까지도 눈에 보이고 귀에 들렸던 것이다. 이렇듯 좋은 영화는 보고 또 봐도 새로운 울림을 주고 달라진 자신을 발견하게 해준다.

"와, 이런 영화였어?"

영화는 조금도 달라지지 않았는데 말이다. 아마 나에게는 아주 많은 삶의 이력들이 마음에 고스란히 매달려 있을 것이고 이전의 눈과 지금의 눈은 같은 눈이 아닐 것이다.

사랑이란 일상에 스며드는 것

영화를 보면서 무엇보다 좋았던 것이 '속도'이다. 영화는 느리게 흘러가면서 모든 것을 말하고 비어 있으면서 가득 차 있다. 관객들에게 공간을 내어주면서 그 공간으로 들어오게 한다. 아주 자연스럽게 그 공간에 들어간 나는 그곳의 일원이 된다. 누구 한 사람에게 감정동요가 일어나는 것이 아니라, 주인공 정원이 되기도 하고, 다림이 되기도 하고, 아버지가 되기도 하고, 첫사랑 지원이 되기도 하고, 영정사진을 곱게 찍고 싶어 하는 할머니가 되기도 한다. 그냥 그 모든 것이 될 수 있는 시간을 주면서도 나를 나로서 존재하게 한다.

거의 대부분의 장면이 연출되는 장소는 정원의 사진관과 집이다. 짐을 옮겨주기 위해 오토바이를 함께 타고 지난 길이나 우산을 같이 쓰고 걸은 거리나 아마 다 걸어서 다닐 수 있는 근처이거나 여기서 보면 저기가 보일 정도의 거리일 것이다. 정원에겐 일상의 공간인 사진관과 집에서 그가 보내는 시간의 흐름을 쭉 나열한다. 그리고 그 안에는 정원도 알아채고 있고 관객들도 알아채고 있는 사랑이 스며든다.

정원은 "오빠는 여기가 지긋지긋하지도 않아?"라는 지원의 말에도, "더운 거 이제 지긋지긋해."라는 다림의 말에도 그저 싱긋 미소를 지을 뿐이다. 그 지긋지긋한 마을이, 그 지긋지긋한 더위가 정원에게는 가장 떠나기 아쉬운 곳, 어쩌면 마지막이 될지도 모를 계절이었을 것이다. 그러면서 언제일지 모르지만 곧 오게 될 자신의 마무리를 준비하는 그 시간에 사랑이 스며든다. 그 사랑을 받아들이는 것에 주저함이 들지만 단호하게 거부하기도, 그렇다고 자신이 더 적극적으로 나서기도 어려운 그 지점에서 그저 그 사랑이 들어오는 것을 바라보는 것이 그가 할 수 있는 유일한 대응이었을 것이다.

동네의 마을 주차요원인 다림은 주정차위반 사진을 인화해주는 정원에게 관심을 갖게 된다. 언제부터라고 정확하게 짚어지지 않는 그 어느 순간부터. 어느 것도 상세히 설명해주지 않지만 이해되고 알 것 같은 느낌을 주는 것이 이 영화의 특징이다.

더운 날 인화 기계에서 사진이 나오기를 기다리며 아이스크림을 내민 시점이었을까, 사수자리가 자신과 잘 맞는다고 말한 시점이었을까, 소파에서 쉴 때 선풍기를 돌려준 때부터였을까.

설렘을 강조하거나 짠- 하고 서로에게 반하는 순간이 있거나 온갖 로맨틱한 말로 고백을 하거나 하는 장면 하나 없이 두 사람은 서로에게 마음이 기울어간다.

둘은 주로 사진관에서 만나 시간을 보내고 이야기를 나눈다. 서로에게 궁금한 점을 물어보고 아이스크림을 먹고 다음을 약속한다. 그러다 연애의 필수 코스인 놀이동산에 다녀오며 함께 길을 걸은 것이 둘이 함께한 마지막 추억이 된다.

놀이동산을 다녀와서 운동장을 달린 뒤 동네 목욕탕에서 씻고 나와 집으로 가는 길에 정원이 들려준 방구 뀌는 귀신 이야기. 다림은 자기 전에 누워서 옆에서 잠이 든 친한 언니에게 그 이야기를 들려주면서 정원을 생각한다. 다림의 일상에도 정원이 스며들어 있음을 보여주는 장면이다.

사랑의 감정을 느껴본 사람은 알 것이다. 사랑은 짠, 하고 등장하기도 하지만 어느 순간, 내가 이렇게까지 이 사람을 좋아하고 있었구나, 하는 것을 확인하게 되는 때가 있다. 내가 들여놓지도 키우지도 않았는데 저절로 자란 사랑을 확인하는 순간 사랑을 인정하기 시작한다.

이 영화에서 한석규가 맡은 역할인 정원은 정확히 어떤 병에 걸렸는지 모르지만 시한부 인생을 살고 있음이 곳곳에서 드러난다. 그래서 그 사랑을 느끼면서도 애써 인정하거나 진도를 나가거나 적극적으로 표현하지 않는다. 그것은 시한부가 아닌 어린 다림의 몫이다. 다림은 정원의 일상에 찾아와 정원에게 관심을 직간접으로 표현해가면서 정원의 마음을 움직이는 방식으로 사랑을 키워나간다. 정원의 사정은 모르는 채.

사진, 그 '현재'들에 대하여

영화의 배경이 왜 사진관일까? 왜 '사진'일까? 이 이야기를 하기 전에 한번 생각해보자. 누구나 자신의 어릴 적 사진을 들여다본 적이 있을 것이다. 나의 여섯 살, 일곱 살 혹은 나의 열한 살, 열두 살 등. 사진 속에 어린 내가 있는데 그 '어린 나'는 어디에 있는가? 사진을 들여다보고 있는 내가 되었다고 하지만 '어린' 나와 지금의 내가 같다고 할 수는 없다. 얼굴이 다르고 키가 다르고 아는 것이 다르고 생각이 다르다. 이렇게 다른 것이 많은데 '나'라고 할 수 있을까? 우리는 이런 말을 할 때가 있다.

"나는 이제 그때의 내가 아니야."

"나 많이 변했어."

"예전의 내 모습을 다 잃어버렸지."

사진 속의 나와 지금의 나는 시간의 연속성을 가진 동일인물이라고 할 수 있지만 그때의 나와 지금의 내가 같다고 말할 수는 없을 것이다. 어제의 나와 오늘의 나도 똑같은 것 같지만 분명 다르다. 어제는 아직 하루를 더 살지 않았고, 하루 사이에 있었던 그 일을 겪지 않았고, 하루 사이에 있었던 그 생각들을 하지 않았다.

그럼 수많은 '그때들'의 나는 어디에 있는가?

그런 의미에서 사진을 생각해보면, 사진은 항상 그때의 나로 머물러 있다. 사진 입장에서 바라보면 지금의 나는 '미래'인 것이다. 사진은 그 순간을 찍는 순간, 영원히 그 순간에 머문다.

그래서 사진은 수많은 그때의 '현재'를 간직하고 있다. 지금의 내가 보기에는 그 사진이 '추억'이지만, 사진 속의 사람과 상황은 영원히 그때의 '현재'이다. 그래서 우리는 사진을 보면서 종종 이런 대화를 나눈다.

"이때 진짜 웃겼는데."

"이 사진 기억나. 사진 찍어준 사람 그 선배잖아."

사진은 그때의 현재를 기록하면서 사진 프레임 밖에 있는 그때의 현재와도 연결된다. 사진의 배경, 사진을 찍게 된 상황과 이유, 사진을 찍어준 사람, 사진에는 같이 찍히지 않았지만 사진 밖에서 지켜보고 있었을 사람들 등.

영화에서 이런 것이 잘 드러나는 장면이 바로 어느 할머니의 영정사진 찍을 때의 장면이다. 나는 개인적으로 이 장면이 무척 특별하게 느껴진다.

정원의 초원사진관에서 한 가족이 사진을 찍고 있다. 할머니를 중심으로 큰아들, 작은아들, 딸 등으로 보이는 자식들 그리고 손자 손녀들. 할머니는 의자에 앉아 있고 자식들과 큰 손주들은 뒤쪽부터 할머니 옆쪽까지 서 있으며 그중 한 손주는 할머니 무릎에 앉아 있다.

"하나, 둘, 찰칵."

가족사진을 찍고 나서 큰아들이 "어머님, 사진관에 오셨으니 독사진 하나 찍으세요."라고 말하자 할머니는 다시 의자에 앉는다. 정원의 카메라를 중심으로 이쪽에는 할머니 혼자 앉아 있고 저쪽에는 가족들이 이런저런 사소한 이야기를 나누고 있다. 할머니는 이쪽에서 잠시 저쪽을 바라보며 어떤 생각에 잠긴다. 할머니는 바로 아셨을 것이다. 그 사진이 자신의 영정 사진이 될 거라는 것을.

그날 저녁, 사진관에서 다림을 기다리던 정원에게 드르륵 반가운 문 여는 소리가 들린다. 다림인 줄 알고 얼른 내다보니 낮에 가족들과 왔던 할머니가 홀로 들어선다.

"낮에 찍은 사진, 그… 그…."

얼른 말을 꺼내지 못하는 할머니의 속마음을 알아차린 정원은 흔쾌히 사진을 다시 찍어주기로 한다. 할머니는 고맙다며 사진관에 걸려있는 거울을 보며 이리저리 얼굴을 가다듬는다.

"나, 사진 예쁘게 찍어줘야 돼. 이거 제사상에 놓을 사진이야."

영화 스크린에 가득 찬, 할머니가 카메라를 바라보는 정면 모습을 보며 우리는 알아차린다. 할머니가 돌아가시면 그 사진이 영정 사진으로 놓일 것이고, 해마다 제사상에 놓이리라는 걸.

할머니는 사진 속에서 자신에게 제사를 지내고 절을 하는 모습을 보며 자식들과 손주들이 사소하고 중요한 이야기를 나누는 모습을 바라볼 것이다. 사진 안의 '현재' 속에서 말이다. 우리가 지금 입장에서 보기에 사진은 과거이고 추억이지만, 사진 안의 모습은 항상 '현재'에 머물러 있다. 그렇다면 사진관은 어떤 곳인가?

그 '현재'들을 정지시키는 곳이고, 정지시킨 '현재'들을 뽑아내주는 곳이다. 사진관은 수많은 '현재'들이 모이는 곳이자 수많은 '현재'

들이 나가는 곳이다.

정원의 초원사진관 앞에 전시된 사진들의 변화를 보면 정원의 현재를 알 수 있다. 첫사랑 지원이 찾아와 사진관 앞에 전시되어 있는 자신의 사진을 내려달라고 요청한다. 그녀의 청을 받아 정원은 사진을 내리고 그 즈음에 다림이 마음 안으로 들어오기 시작한다. 정원이 찍어준 다림의 독사진은 사진관 안에 걸려 있다. 그리고 정원이 죽은 뒤 사진관을 찾은 다림은 전시된 자신의 독사진을 보면서 정원에게 한 번도 듣지 못한 고백을 확인하게 된다.

두 사람 모두 서로에게 '보고 싶다, 좋아한다, 사랑한다'라는 표현을 말로 하지 않았지만 정원은 사진을 통해 다림을 사랑했음을 고백한 것이다. 초원사진관은 정원 그 자체인 것만 같다. 수많은 현재들을 품고 있는 정원의 마음속, 곧 떠날 그에게 그 마음속을 대표하는 사진은 바로 다림의 사진이다. 영화의 끝 장면에서처럼 다림은 그것을 확인하고 웃으며 자신의 삶으로 돌아갈 수 있다.

자신은 사랑받았음이 분명하므로.

'멈춤'은 영원을 꿈꾼다

우리는 어떨 때 사진을 찍는가? 좋은 순간, 기억하고 싶은 순간, 예쁘고 근사할 때, 기념하고 싶을 때 사진을 찍는다. 정원과 다림은 처음으로 사진관을 나와 여느 연인들처럼 데이트를 한다. 다림의 친구가 일하고 있다는, 그래서 표를 공짜로 준다고 했지만 갈 시간이 없어서 가지 못했다던 놀이동산에서 둘은 롤러코스터를 탄다. 아니 근데, 놀이동산에서 기본은 사진 찍기 아닌가? 그리고 정원이 명색이 사진관 사장님인데 데이트에서 사진 찍는 장면 하나 나오지 않는다. 물론 둘의 데이트는 완벽하다. 그 완벽한 데이트는 어디에 찍혔을까?

그 완벽한 데이트가 그들의 마지막 만남이 된다.(영화를 보는 내내 한 번쯤은 얼굴을 마주하기를 얼마나 간절히 바라게 되는지….)

이 영화에서 '멈춤', '정지'의 의미는 크게 두 가지로 드러난다. 하나는 사진, 또 하나는 죽음.

사진도 현재를 영원히 현재로 머물게 하는 것이지만 죽음 역시 현재를 영원히 머물게 하는 것이다. 정원은 사랑이 변한다는 것을 알고 있는 사람이다. 지금의 감정이 영원할 거라고 믿지 않는다. 하지만 죽음을 통해 그 사랑이 영원히 현재에 머물게 되었다는 것을 안다. 사랑을 하고 있는 동안 맞이한 죽음은 그때의 사랑을 영원히 간직할 수 있게 해준다. 정원에게 말이다.

아마 정원은 영원히 다림을 사랑할 것이다. '현재'에서 멈췄기 때문에 그 현재에 영원히 머물 수 있다. 다림이 재잘재잘 말하던 모습도, 다림이 귀엽게 쳐다보는 모습도, 다림과 같이 운동장에서 뛴 기억도, 다림과 같이 간 놀이동산에서의 기억도 정원의 마음속에 모두 찍혀 있다. 그것은 퇴색되거나 변하지 않고 영원하다.

정원은 다림에게 편지를 쓴다. 자신이 병원에 입원해 있을 때 다림이 놓고 간 편지를 읽고 자신의 마음을 전하기로 결심했는지도 모르고, 자신이 곧 죽게 될 거라는 것을 알려야겠다고 마음먹었는지도 모르지만 다림에게 편지를 쓴다. 그러나 그 편지는 직접 전해지지 못한다.

정원은 남겨진 사람들을 위해 사진관에서 홀로 자신의 현재를 사진 찍는 것으로 삶을 마무리한다. 그리고 정원은 다림에게 남기는 편지에서 사랑을 간직한 채 떠날 수 있게 해준 당신께 고맙다는 말을 한다. 두 사람의 사랑은 다림 입장에서는 아닐지 모르겠지만 정원 입장에서는 영원한 사랑이 된 것이다.

주인공 정원에게 8월은 그런 의미일 것이다. 겨울이 미처 오기 전에 세상을 떠났지만 다림과의 사랑을 선물로 받았고 이미 크리스마스 같은 시간을 보냈다. 원래 이 영화의 제목으로 '편지'를 생각했는데 당시 박신양, 최진실 주연의 영화 〈편지〉가 먼저 개봉하게 되면서 〈8월의 크리스마스〉라는 제목을 갖게 되었다고 한다. 인생의 가장 절정이라고 할 수 있는 시점에 세상을 떠나야 하는 주인공의 시간을 반영한 것이라고 하는데 많은 중의적인 의미가 있다는 생각이 든다. 영화를 보는 나의 시점에서 제목이 어떻게 다가오는지를 생각해봐도 좋을 듯하다.

이 영화로 영화 인문학 강의를 할 때 많은 사람들이 좋아하는 부분이 바로 공간과 아날로그의 느낌이다. 영화가 분주하게 흘러가지 않고 관객들에게 공간을 내주고 그 공간에서 많은 사색과 감정이입이 일어나도록 한다. 사건사고가 빠르게 진행되지 않아도 지루하거나 비어 있지 않다.

또한 요즘처럼 연락과 고백이 빠른 시대가 아닌 사진관이 아니면 연락할 방법이 없는 시대라 더 마음 졸이고 그런 시간을 감내한다. 고백은 직유가 아닌 은유로만 이어지고 직접이 아닌 간접으로 이루어진다. 그렇기에 그러한 추억을 가지고 있는 사람들에게 그때의 기억과 감성을 소환해주는 역할을 한다.

또한 배우 한석규와 심은하가 주는 느낌도 특별하다. 자신들이 보여줄 수 있는 최상의 편안한 모습을 보여주리라 작정한 듯 정말 군산에서 그렇게 지내고 있을 것 같은 사람들로 분하여 관객들에게 다가온다. 우리에게 그때의 '현재'에서 아주 중요했던 두 배우를 만나는 계기가 되기도 한다.

인간은 삶에서 영원을 꿈꾸고 영원한 삶을 갈망한다. 그런데 아이러니하게도 그것은 죽음으로써 가능해진다. 죽는다는 것은 그 채로 멈추는 것이고, 그 채로 머물 수 있게 하는 가장 좋은 방법(물론 슬프고 슬프지만)이 된다. 그리고 그 상태로 우리를 찾아와 그대로 영원히 머문다. 그리고 말을 건다. 우리의 '현재'는 영원하다고.

12

"크고 작은 생명체들이여,
안녕하십니까?"

"크고 작은 생명체들이여, 안녕하십니까?
여러분, 주목! 미리 말할게요. 오늘 밤엔 관객이 별로 없네요.
하지만 상관없어요. 정말 상관없어요.
오늘밤은 우리들의 밤이니까요.
결과가 어떻든 여러분과 함께하게 되어 자랑스럽습니다."

인생을 '무대'로 표현하는 말을 접한 적이 있을 것이다. 자신의 인생이라는 무대를 자신이 주인공이 되어 당당하게 만들어가고 살아가는 것. 이 영화 〈씽〉이 바로 그러하다. 저마다의 무대를 만나가는 과정을 아주 흥미롭게, 그리고 뻔하지 않은 유쾌함으로 그린 애니메이션이다.

아마도 〈씽〉이라는 영화를 처음 들어본 사람이 있을지도 모르겠다. 엄청나게 흥행한 영화가 아니라서 다른 영화들에 비해 인지도가 높지는 않다. 그런데 이 영화를 본 사람이라면 분명 "아, 그 영화. 나 그 영화 좋아하는데."라고 말할 거라고 확신한다.

그래서 보통 영화 인문학 강의 주제로 좋겠다고 제안하면 사람들이 모를 것 같다고 망설이다가도 막상 강의를 마치고 나면 모두가 행복한 표정을 짓는 영화가 바로 〈씽〉이다.

나의 무대에서 어떤 노래를 부를 것인가?

제목이 왜 '씽(SING)'일까? 'Sing'은 '노래하다'라는 뜻의 동사다. 그렇다면 '노래하다'와 어떤 단어들을 결합해서 문장을 만들 수 있을까? 어디에서? 어떻게? 왜? 누가? 무엇을? 등을 앞에 놓을 수 있을 것이다.

자신에게 맞춰 위 단어들을 결합해서 '노래하다'의 문장을 완성해보라. 여기에서 '노래하다'라는 것은 '노래를 한다'를 의미하는 것이 아니라 노래하는 것과 같이 '무엇을 한다'라는 의미를 상정하는데 나의 일과 연결하면 더 의미가 있을 거라 생각된다. '노래한다' 대신에 'OO을 한다'에 원하는 단어를 넣고 문장을 만들어보면 자기목적성과 연관이 깊은 소명 가득한 문장이 완성되지 않을까?

예를 들어, 내가 하는 일이 '가르치는' 일이라면 혹은 내가 하고 싶은 일이 '가르치는' 일이라면 다음과 같은 것들을 생각해볼 수 있다.

어디에서 가르치는가?

어떻게 가르치는가?

왜 가르치는가?

누가 가르치는가? (가르치는 나는 누구인가?)

무엇을 가르치는가?

예를 하나 더 들어보자. '만들다'라는 일과 연결하면 다음과 같다.

어디에서 만드는가?

어떻게 만드는가?

왜 만드는가?

누가 만드는가? (만드는 나는 누구인가?)

무엇을 만드는가?

이 질문들에 답을 적어본다면 내 무대에 대한 나의 방향성이 나올 것이다.

이 영화에는 많은 종류의 동물들이 나오는데, 그래서 각 동물들의 무대를 감상해볼 수 있는 좋은 기회가 된다. 앞에서도 이야기했듯이 동물 캐릭터가 나오는 영화들은 다양함을 좀 더 선명히 표현할 수 있다는 장점이 있다. 등장인물이 사람인 경우는 사람-사람-사람이기 때문에 그 '다름'을 표현하는 데 한계가 있지만, 동물일 경우는 사자-원숭이-얼룩말-생쥐-코알라 이런 식으로 저마다의 특색을 보여줄 수 있다. 즉 다양한 동물로 의인화하는 것은 사람이 그만큼 다르다는 것을 설명해주는 중요한 요소가 된다.

〈쿵푸팬더〉, 〈주토피아〉 등이 그런 영화에 속한다(〈주토피아〉 또한 꼭 추천하고 싶은 영화다). 그런데 이 〈씽〉은 더 특별한 것이 있다.

먼저, 동물들의 오디션 장면을 보면 동물의 범위가 확대되어 있음을 알 수 있다. 보통 영화에 등장하는 동물들의 종류는 포유류가 대부분인데, 이 영화는 조류, 양서류, 거미, 갑각류 그리고 달팽이까지 등장한다. 그야말로 모든 동물 영역을 다루려는 노력이 보인다.

주인공 코알라가 인사말을 할 때 이 영화의 아주 중요한 대사가 등장한다.

"크고 작은 생명체들이여, 안녕하십니까?"

크고 작은 동물들이라고 하지 않고 크고 작은 생명체들이라고 말한다. 보편적인 동물 영화에서 확대된 개념을 확인할 수 있는 부분이라고 할 수 있다.

그래서 '영화로 만나는 인권 이야기'라는 주제로 수업할 때 이 부분을 다룬 적이 있다. "크고 작은 생명체들이여, 안녕하십니까?"의 뜻을 인권과 연결하여 이야기 나눠보는 것이다. 여기에서 말하는 크고 작은 생명체란 과연 무엇을 의미할까? 여기에서 핵심어는 '생명체'라는 말이다. 크기가 크고 작고의 차이가 있을 수 있지만(엄격히 말하자면 크고 작고의 기준은 없다. 하마는 생쥐보다 크고 코끼리보다 작다) 생명이라는 것은 동일하다. 그 모든 생명들에게 '안녕하냐'고 인사를 건네는 것이다.

이제부터 이야기할 두 번째 특별함도 인권과 연결되어 있다. 〈씽〉의 두 번째 특별함은 노래를 못 하는 동물이 없다는 것이다. 떨려서 혹은 기타를 조율하느라 노래 자체를 안 부른 경우를 제외하고 노래를 부른 동물들은 모두 노래를 '잘한다'. 잘한다는 의미보다는 저마다의 특색을 보여준다. 보통 오디션을 떠올려보면, 그것도 1차 오디션에는 노래를 엉망으로 부르거나 실력이 별로 없는 사람들이 나오기도 할 텐데 이 영화에서는 모두가 저마다의 모습으로 무대를 채운다.

누군가의 꿈은 다른 누군가의 꿈과 연결된다

이 영화는 주인공이 극장 주인인 코알라만은 아니다. 여러 동물들이 모두 주인공인 셈인데 아버지가 갱단에 있는 고릴라 조니, 25명의 자녀를 둔 전업주부 돼지 로지타, 로지타와 함께 파워풀한 무대를 보여주는 돼지 군터, 십대 사춘기 소녀를 대변하는 고슴도치 애쉬, 큰 몸집이 무색하게 무대공포증이 있는 코끼리 미나, 작은 동물임에도 당당한 무대를 보여주는 생쥐 마이크, 모두 무대의 주인공이다.

〈씽〉에서 이 주인공들과 함께 주시할 매우 인문학적인 요소가 있다. 망해가는 극장을 살려서 예술의 중심지가 되겠다는 꿈을 지닌 코알라 버스터문의 꿈과 자신의 노래를 마음껏 부를 수 있는 무대를 갖고 싶은 다른 동물들의 꿈이 어떻게 연결되는지 볼 수 있다는 것이다. 각자의 꿈은 다르지만 그 꿈들이 모여 극장을 복원하고 꿈의 무대를 만들게 된다. 바로 서로의 꿈과 꿈이 모여 만들어지는 것이다. 그것이 꿈이 지닌 또 하나의 힘이라고 할 수 있다. 서로 다른 꿈이 모여서 만들어내는 강력한 힘. 그 힘이 서로의 꿈을 이뤄주는 원동력이 되고 세상을 바꿔나가는 힘이 된다.

나의 꿈은 어떤 꿈들과 연결될까?

우리가 꿈을 꿀 때에는 영향력을 미치고 싶은 분야가 있다. 그리고 그 분야에는 '어떤 꿈을 지닌' 사람들이 있다. 어떠한 분야든 한 가지 일로만 이뤄지는 것이 아니라 다양한 일을 하는 사람들이 모이게 되는데 단순한 취미와 경험이 모이기도 한다. 이것이 바로 꿈과 꿈이 모여서 만들어내는 거대한 꿈의 집합체다.

예를 들어, 선생님이 되어 아이들을 온전히 인정해주는 것이 꿈이라면 선생님한테 인정받는 것이 꿈인 아이들과 만나게 된다. 선생님이 꿈인 사람은 아이들이 있어야 꿈이 이루어진다. 그리고 좋은 엄마나 좋은 아빠가 되고 싶은 꿈을 가진 학부모들과 만나게 된다. 또 학교를 설립하는 것이 꿈이었던 어떤 역사를 가진 사람의 영향력 아래 있으며, 역시 선생님이 꿈이었던 다른 사람들과 동료가 된다.

그 꿈이 생각보다 잘 이뤄지지 않거나 희미해지고 희석되기도 하고 꿈이 바뀌기도 하지만 누군가의 꿈은 다른 누군가의 꿈과 연결되어 있다.

우리 모두에게 이 질문을 상기시키고 싶다. 나는 어떤 꿈을 가진 사람들과 연결될까?

오디션과 무대 이야기를 하다 보니 나누고 싶은 이야기가 하나 떠오른다. 과연 어떤 사람들이 무대에서 감동을 주는가? TV 프로그램 중에 오디션 프로그램이 많다. 많은 아이들이 이 오디션을 통해 가수가 되는 것이 꿈이라고 말하기도 한다.

오디션에는 심사위원이 있고 이 심사위원 앞에서, 그리고 관객 앞에서 노래를 해서 인정을 받아야 한다. 과연 어떤 사람들이 이 오디션에서 높은 점수를 받을까?

TV 오디션 프로그램에서 심사위원들이 높은 점수를 주는 사람들에게 하는 공통된 심사평이 있다.

"당신은 무대를 온전히 즐겼다."

"당신은 그 노래에 흠뻑 빠져들었다."

"당신은 우리를 의식하지 않았고 마치 아무도 없이 자신만 있는 것 같았다."

아이러니한 것은 오디션은 심사위원과 관객들에게 선보이기 위한 자리인데 아무도 의식하지 않고 온전히 자신의 무대를 즐겼다는 것에 높은 점수를 주고 감동을 받는다는 것이다.

가수들이 노래할 때 그 무대에 마치 혼자 있는 것처럼 온전히 빠져들어 노래를 하는 모습을 보고 우리는 감동했다고 말한다.

우리의 삶도 이와 같지 않은가? 다른 사람의 눈치를 보거나 다른 사람의 시선에 영향을 받는 것이 아니라 자신의 삶에 온전히 몰입하여 즐겁게 살아가는 모습을 볼 때 그 사람의 인생이 감동적이라고 말한다. 다른 사람의 삶에 영향력을 주고자 노력하며 사는 사람보다 자신의 삶을 즐기는 사람이 주는 영향력이 더 큰 법이다.

노자와 함께 도가를 일군 장자 이론의 핵심이 바로 자신의 인생을 온전히 즐기는 자연스러움에 대한 것이다. 다른 사람의 눈치를 보는 것이 얼마나 부자연스럽고 모두를 불편하게 하는가라는 말을 하는데 인생이라는 무대는 그런 것이다. 온전히 내가 주인공이 되어 마음껏 꿈을 펼치는 것.

저마다의 무대, 저마다의 노래

영화 후반부에서는 낡은 극장이 완전히 무너지게 되고 극장을 살리고자 미래를 믿고 꿈을 꾸던 코알라는 결국 좌절하게 된다. 극장이 자신의 인생에서 전부였기 때문에 극장이 무너지자 더 이상 꿈을 꿀수 없다고 생각한 것이다. 오디션에 합격한 동물들이 코알라를 설득하고 무대울렁증으로 노래를 못하던 미나가 무너진 극장 더미 위에서 홀로 노래를 부르는 장면은 관객에게 그리고 코알라에게도 감동을 준다. 코알라는 다시 일어서기로 결심하고, 모두가 힘을 모아 무너진 극장 더미 위에 노천극장을 만들고 그동안 준비해온 공연을 선보인다. 이들에게는 마지막 공연이 될 수도 있는 순간이다.

몇몇 동물들의 가족만을 관객으로 하여 돼지 엄마 로지타와 그녀의 파트너 군터의 무대가 시작된다. 속이 다 후련할 정도로 힘 있고 화려하며 강렬한 이 공연은 생방송으로 곳곳에 방영되고, 입소문을 타고 관객들이 모여들기 시작하면서 다음 공연, 다음 공연으로 이어진다. 마침내 무대울렁증 미나의 공연까지 한 뒤 수많은 동물들의 환호를 받으며 공연은 막을 내린다.

이들이 공연한 곳은 원래의 극장이 다 무너져 내린 자리에 만든 노천 무대로, 제대로 된 무대라고 할 수 없었다. 극장은 그 형태를 잃었고 무너진 더미 위에 뼈대만 세워서 임시로 만든 것이다. 그리고 누군가 만들어준 무대도 내어준 무대도 아니며, 공식적인 무대도 아니다. 그런데 그곳에서 그들이 노래를 한다. 저마다의 이야기를 가지고 말이다. 그리고 그 무대가 주목을 받으면서 공연이 성공적으로 끝나고 정식 투자자(예전 유명 가수)를 만나 코알라의 꿈이던, 그리고 모두가 꿈꾸었던 극장이 탄생된다. 이제 그들은 마음껏 노래하고 마음껏 공연할 수 있으며 마음껏 꿈꿀 수 있다. 공연할 무대를 기다린 것이 아니라 자신들이 무대라고 생각되는 곳에서 노래를 불렀고 그로 인해 그들에게 무대가 제공된 것이다. 무대를 기다리기만 하지 않았다는 것이다.

나의 무대는 어디인가? 이 질문을 이렇게도 바꿔보자. 나는 나의 무대를 만들어가고 있는가? 무대가 없더라도 노래할 수 있는가? 혹시 무대를 마냥 기다리고 있는 것은 아닌가?

무대에서 공연을 하는 각각의 캐릭터들이 상징하는 인물들이 있는데 여기에도 주목할 필요가 있다.

로지타는 무려 25명의 아이들을 둔 전업주부다. 남편은 낮 동안 일에 치여 집에 오면 대화를 나눌 시간조차 없이 잠들어버리고 육아와 가사일(그 많은)을 함께하지 못한다. 그런 그녀에게 꿈이 하나 있다. 오랜 세월 잊고 있었던 꿈. 바로 무대에서 노래하기. 로지타는 자신의 이야기를 그대로 뮤지컬처럼 공연하는데 그녀의 변신이 무척이나 반갑고 흥미롭게 그려진다.

그녀 이야기를 좀 더 해보자면, 오디션에 합격하고 리허설 연습을 하기 위해 시간을 내야 하는데 아이들을 맡길 사람이 없다. 아이들이 25명이라는 소리에 모두 전화를 끊어버린다. 그래서 그녀는 뭔가 큰 결심을 하고 밤새 무언가를 만들고 나서 아침 일찍 연습을 하려고 집을 나선다. 시간이 되자 알람시계가 아이들을 깨운다. 그리고 녹음된 엄마의 목소리와 도미노 같은 기계의 연결 연결로 아이들은 아침식사까지 하고 가방을 챙겨 받아서 학교에 간다. 남편 역시 매일 아침 그러하듯이 차 열쇠를 챙겨 받아서 회사로 출근한다. 실제 그녀는 그곳에 없는데 마치 있는 것처럼 가족들은 평소와 다름없는 아침을 맞이하는 것이다.

이 장면을 가지고 학부모 연수에서 이야기를 나눈 적이 있는데 많은 엄마들이 공감하며 눈물을 흘렸다. 한 사람의 존재는 없고 마치 기계처럼 어제를 반복하는 그 이상도 이하도 아닌 존재감에 대해서 깊이 있는 토론을 나눈 적이 있다.

그러니 돼지 엄마 로지타에게 무대는 '온전한 나'를 만날 수 있는 자리였을 것이다. 엄마도, 아내도, 주부도 아닌 원래의 생기발랄하고 매력적이며 파워풀한 로지타로 거듭나는 자리였던 것이다.

로지타뿐만 아니라, 고슴도치 애쉬 또한 상징적인 인물이다. 청소년으로 대표되는 인물로서 남자친구에게 실연을 당하고 자신이 직접 작곡한 노래를 무대에서 부른다. 그런데 그때 극장을 압류한 세무직원이 나타나 음향 코드를 뽑아버리고 만다. 공연이 중단되려는 순간 십대 소녀 애쉬는 사람들을 박수로 유도하며 노래를 시작한다. 사람들의 관심과 박수로 시작된 노래가 아주 강렬하고 힘이 넘치게 이어진 나머지 고슴도치 가시가 곳곳으로 막 날아가는 장면은 가히 압도적이다. 관객들이 열광하면서도 날아오는 고슴도치 가시를 이리저리 피하는 모습은 정말 재미있다. 애쉬는 그렇게 당당하게 공연을 마치고 살짝 눈을 뜬다. 겉으로는 그렇게 당당하고 냉정해보이는 애쉬이건만 실은 떨리고 두려워 눈을 뜨고 관객들을 보기가 겁이 나서 눈을 아주 살짝만 떠서 사람들의 반응을 살핀다. 그 순간 사람들은 열광하고 이 십대 소녀는 세상 누구보다 행복한 표정을 짓는다.

마치 현 시대 청소년들의 모습을 고스란히 보여주는 것 같은 장면이다. 청소년과 함께하는 한 사람으로서 개인적으로 이 장면이 너무나 사랑스러웠다. 겉으로는 세 보이지만 사실은 긴장하고 떨고 위축되고 다른 사람들의 반응을 걱정하는 그 모습. 그리고 그 자리에 있는 모든 사람들이 한 사람을 향해(심지어 고슴도치 가시가 막 객석을 향해 날아오는데도) 열광해줄 수 있다는 것이 인상 깊게 남아 있다.

이렇듯 영화는 저마다의 상징적인 인물을 보여주면서 관객들을 참여시킨다. 감옥에 들어간 아빠에게 가수의 꿈을 인정받고 싶은 고릴라 조니를, 가장 작은 동물인 생쥐 마이크의 험난한 무대를, 무대공포증으로 엄청난 노래 실력을 드러내지 못하는 코끼리 미나를 응원하게 한다. 다음 순서, 다음 순서를 기다리며 그들의 공연을 보고 싶게 만든다. 마치 닮아 있는 주변 인물들을 응원하듯이 혹은 닮아 있는 나를 응원하듯이 말이다.

청소년들과 영화 〈씽〉으로 영화 인문학을 나눌 때, 등장하는 캐릭터 중 가장 마음이 가는 캐릭터를 하나 선택하게 하고, 1)어떤 부분에 마음이 가는지, 2)그 캐릭터의 무대가 무엇이 멋있는지, 3)어떤 말을 해주고 싶은지 이 세 가지를 적어보게 한다. 보통은 조별 활동으로 작성하게 하는데 인원이 적은 집단상담에서는 개인별로 하게도 한다.

여러분이 생각하기에 청소년들에게 어느 캐릭터가 가장 인기가 있을 것 같은가? 사실 '가장'이라는 말이 무색할 정도로 모든 캐릭터를 다 좋아하는데 애쉬와 미나를 가장 좋아한다. 영화에서 가장 극적으로 무대에 오르게 되고 긴장된 모습을 보이는 것에 감정이입이 많이 일어나는 것 아닐까?

영화 〈씽〉은 인권 이야기를 나눌 때도, 삶의 무대 이야기를 나눌 때도, 인물 이야기를 나눌 때도 모두 아주 괜찮은 영화라는 것을 다시 한 번 강조하고 싶다. 그리고 마무리 차원에서 제목 '씽(SING)'에 대해 다시 한 번 생각해보면 어떨까 한다. 나는 나의 인생이라는 무대를 온전히 즐기고 있는지, 그리고 어떤 노래를 부르고 있는지.

"나의 무대에서 나의 노래를 하다."

13

페넬로피

"저주를 푸는
가장 완벽한 방법"

"우린 다 저주받았나요?"
"그건 저주의 힘이 아니라 저주를 따라 하기 때문이야."

수많은 주제를 다룬 수많은 영화가 있지만 짐작하건대 가장 많이 다루는 주제가 자존감일 거라 생각된다. 방법이나 내용은 다르더라도 주인공 스스로 진정한 자신을 찾아가는 이야기가 전반적으로 큰 틀을 유지하는 경우가 많다. 또 큰 주제는 다른 키워드를 가지고 있어도 주인공이 각성하고 정체성을 찾아가는 내용은 영화의 한 꼭지로 꼭 다루어지는 부분이기도 하다.

이 영화 〈페넬로피〉는 자존감 영화 가운데 아주 대표적인 영화로 꼽히는데 특히 청소년들 대상으로 자존감이 무엇인지를 아주 정통적인 방식으로 알려주기 좋은 영화다.

자존감의 조건

자존감에 대해서 먼저 알아볼까 한다. 자존감은 시대적으로, 그리고 사회적으로 아주 많이 거론되고 있어서 이제는 어디에서나 등장하는 특별하고도 진부한 단어처럼 느껴진다.

그 증거 중 하나가 무엇이냐면, 청소년 대상으로 자존감 강의를 해달라는 요청을 가장 많이 받는데, 강의를 가서 '자존감'이라는 말을 꺼내면 아이들은 다소 식상해한다. 분명 특별한 단어지만 어디서나 언급되니 진부한 단어처럼 느껴지는 것이다.

자존감은 자신의 존재가치에 대해 스스로 인정하는 것으로서 인문학에서 아주 중요하게 생각하는 주제다. 그렇다면 자존감의 진정한 뜻은 무엇일까? 자존감과 자신감의 차이는 무엇일까? 자존감과 자부심의 차이는 무엇일까? 그리고 자존감과 자존심은 어떻게 다를까?

자존감은 자아존중감의 줄임말로, 자신이 사랑받을 만한 가치가 있는 소중한 존재이고 어떤 성과를 이루어낼 만한 유능한 사람이라고 믿는 마음을 말한다. 근거가 있는 객관적인 사실이나 중립적인 판단이라기보다 주관적인 느낌이자 감정이라고 할 수 있다. 그러니까 자기 자신을 스스로 어떻게 받아들이고 있느냐의 차원이 크다. 자존감과 자존심의 차이는, 자존감은 '있는 그대로의 모습에 대한 긍정'을 뜻하고 자존심은 경쟁 속에서의 긍정을 뜻하는 것이라고 할 수 있다. 또한 자신감은 '나는 할 수 있다'의 개념, 자부심은 '나는 그것을 해낸 사람이다'의 개념이다. 그리고 자신감과 자부심의 근간은 자존감이기 때문에 자존감이 자아인식에서 아주 중요한 심리적 요소로 작동한다.

자존감은 외부 자극이나 상황과 상관없이 내 스스로 나를 어떻게 인식하고 있느냐의 차원이라고 말할 수 있다. 그런데 이뿐만 아니라 내 안에서 올라오는 감정들을 나는 어떻게 수용하고 다룰 것인가, 그리고 그것이 외부와 어떤 식으로 연결되고 있는가도 중요하다. 외부가 어떻든 단단한 내면의 중심을 유지하는 것과 더불어 내면의 힘으로 외부의 자극을 어떻게 해석하고 연결할 것인가 역시 자존감의 범위라는 말이다.

〈페넬로피〉에는 자존감을 가질 수 없는 조건(이런 조건이란 없지만 영화 설명상 표현한다면)에 처한 한 여자아이가 나온다. 그 조건이라는 것은 자신의 선택과는 상관없이 태어날 때부터 집안 대대로 내려오는 저주에 걸린 것으로, 여자 주인공은 '저주에 걸린 아이'라고 불린다. 그 저주는 본인 스스로도 감당하기 힘든 일이지만 가족을 포함한 주변에서 모두가 저주로 인식하기 때문에 주인공은 밖에 나가지도 못하고 다른 사람들과 만나지도 못하며 집에 갇혀서 책과 음악만을 친구 삼아 성장하게 된다. 그 저주는 바로 코가 돼지코로 태어난 것이다. 분명 사람인데 코는 누가 봐도 명백하게 돼지의 코 모양이라서 보는 사람들 모두 깜짝 놀란다.

그리고 그 저주는 많은 저주가 그러하듯이 사랑하는 사람과 결혼을 해야 풀리는데 다른 사람을 만날 기회가 없으니 저주가 풀리는 일이 보통 일이 아니다. 그래서 부모는 딸아이를 다른 사람들에게 보여주지 않은 상태에서 남자들을 데려오고 돈으로 유혹해서 딸과 결혼시키려고 한다. 그러나 돼지코인 모습을 보여주면 번번이 남자들은 괴물이라며 놀라서 도망가버리고 만다.

자, 조건이 완벽하지 않은가? 돼지코로 태어난 어느 명문가의 딸, 어릴 적부터 세상에 나가보지 못하고 갇혀서 성장하였고 사랑하는 사람과 결혼을 해야만 풀리는 저주, 딸의 저주가 알려질까 전전긍긍하는 부모. 여기까지의 구성을 보면 앞으로의 전개가 대충 짐작된다. 분명 여자 주인공이 집을 뛰쳐나와 우연히 사랑하는 사람을 만나게 되고 저주는 풀릴 것이다. 모두가 괴물이라고 소스라치게 놀라는데 놀라지 않는 단 한 사람, 진정한 사랑을 만나게 될 것이다. 이런 짐작이 되지 않는가? 아니 적어도 얼른 진정한 사랑을 만나면 좋겠다고 영화 초입부터 주인공을 응원하게 되어 있다.

그리고 이때 남자 주인공이 등장하는데 어딘가 우수에 찬 눈빛과 누가 봐도 출중한 외모에 동화 속에 나오는 왕자가 연상되는 얼굴과 표정을 지녔으며 무슨 사연인지 돈이 필요하다. 처음에는 돈 때문에 (어느 기자에게 사주를 받아 단 한 장의 사진을 찍으려고) 페넬로피를 만나려고 하는데 아마도 모두가 짐작하겠지만 곧 사랑에 빠질 것이다.

서울에 있는 한 여자고등학교에는 75년 전통의 인문학 시간이 있다. 전교생이 모여 인문학 강연을 듣고 학생들이 무대에서 시나 노래를 선보이는 것이다. 그 자리에서 〈페넬로피〉로 강연을 한 적이 있는데 아이들이 〈페넬로피〉의 남자 주인공에 열광하던 모습이 아직도 생생하다. 나는 그때 아이들과 페넬로피 이야기를 나누면서 '일희일비'가 참 사랑스럽다는 생각을 했다. 사소한 것 하나에 기뻐하고 작은 것 하나에 안타까워하는 모습이 마치 '살아있는' 것 같은 생각이 들었다.

무엇이 저주이고 누가 괴물일까?

이 영화에서 '괴물'이라는 단어는 아주 중요한 단어로 등장한다. 여자 주인공의 코가 돼지의 코와 닮은 것을 보고 사람들은 괴물이라고 말하며 도망가기 일쑤다. "꺅! 괴물이다!" 이렇게.

'누가 괴물인가?' 하는 부분부터 출발해보자. 코가 돼지코인 여자가 괴물일까, 저주에 걸린 아이를 보호한다는 명목 아래 그 존재를 부정하는 부모가 괴물일까, 아니면 코를 보고 사람 전체를 판단하고 '괴물'이라고 말하며 도망가는 사람들이 괴물일까, 아니면 괴물이라고 생각하면서도 돈을 위해 결혼하려고 하는 사람들이 괴물일까?

페넬로피는 애초에 자신이 괴물이라고 생각하지 않았다. 사랑하는 사람이 생기기 전까지는 말이다. 아니 사랑하는 사람에게 사랑받기를 원하기 전까지는 말이다.

지금까지 만나온 남자들과는 다른, 대화가 통하는 그 남자 앞에서 페넬로피는 얼굴 드러내기를 한층 더 주저하게 된다. 그와 대화를 나누는 기쁨과 그를 알아가는 즐거움을 자신이 돼지코라는 것 때문에 잃게 될까 봐 두려운 마음이 들었기 때문이다. 남자 역시 페넬로피와 이야기하는 게 좋고 밖에 나가 거리를 함께 걷고 싶다. 그런데 페넬로피는 반사거울 뒤에서 자신을 지켜보기만 할 뿐 도무지 자신의 모습을 보여주려고 하지 않는다.

그렇게 둘이서 책과 음악, 거리 이야기를 나누면서 서로 더욱 궁금해지고 더 알아가고 싶은 순간이 오자 마침내 페넬로피는 용기를 내어 남자 앞에 모습을 드러낸다. 반사거울 방에서 나온 페넬로피는 남자가 뒤돌아보면 얼굴을 딱 마주칠 수 있게 피아노를 치고 있는 남자의 손 위에 자신의 손을 올린다. 그동안 대화를 나누며 궁금했던 페넬로피의 얼굴을 본 남자는 흠칫 놀라며 물러서지만 소리 지르며 도망가지 않는다. 아니 오히려 다가가 페넬로피의 얼굴에 손을 올린다. 그런데 사실 남자는 한 열혈 기자에게서 사주를 받고 페넬로피의 얼굴 사진을 찍기 위해 투입된 연기자로, 손을 올리는 순간 옷 속에 숨겨두었던 카메라가 작동해 페넬로피를 찍고 만다.

페넬로피와 보내는 시간이 즐거워 자신의 역할을 잊고 있던 남자는 돈 때문에 접근한 자신을 책망하면서 페넬로피에게 "미안하다"고 하고는 그 자리에서 뛰쳐나간다. 이때 페넬로피는 가지 말라고, 자신과 결혼해달라고 간절히 부탁하지만 자신의 처지를 깨달은 남자는 나가버린다.

이렇게 페넬로피는 한 남자를 사랑하게 되면서 자신이 외모 때문에 그 남자에게 거부당했다고 생각하고는 자신을 향해 말한다.

"나는 괴물이야."

남자는 사실 자신이 접근 의도도 불순한 데다 저주를 풀어줄 귀족이 아니라서 도망간 것이었는데 영화가 늘 그렇듯이 서로를 오해한 채, 아니 페넬로피 스스로가 자신을 오해한 채 둘은 더 이상 만나지 않게 된다.

그 상처를 기점으로 페넬로피는 저주를 풀기 위한 결혼을 포기하고 가출하여 부모의 보호에서 뛰쳐나오게 된다. 그리고 처음에는 코를 가리지만 사람들을 알아가면서 서서히 자신을 드러내는 용기를 갖게 된다.

그리고 마침내 자신의 괴물 같은 코도 드러내고 사람들에게 다가가 따뜻하게 소통하며 살아간다. 또한 어려운 이웃을 돕고 자신의 편이 되어주는 친구도 만나 즐거운 삶을 경험하면서 자신이 그렇게 사랑하고 사랑받는 사람임을 서서히 알아간다. 물론 그럼에도 잘 모르는 사람들은 페넬로피의 코를 보고 "사람인가, 돼지인가?" 하면서 상처를 주기도 한다. 부모는 그런 딸의 돼지코 저주를 풀기 위해 돈이 목적인 어느 귀족과 강제로 결혼을 시키려고 한다.

그 결혼에 응하는 페넬로피는 뭔가 마음이 이상했을 것이다. 이게 아닌 것 같은데 하는 마음으로 웨딩드레스를 입고 머리를 예쁘게 꾸미고 자신을 괴물 보듯 바라보고 있음이 분명한 남자 앞에 서 있다.

"당신은 페넬로피를 배우자로 맞아 평생 있는 그대로의 모습을 사랑하겠습니까?"

결혼 서약을 앞두고 페넬로피는 도망쳐 나온다. 뒤쫓아 온 엄마가 조금만 참으면 새로운 모습을 찾을 수 있다면서 페넬로피를 설득한다. 그저 눈 딱 감고 "예."라고 한 마디만 하면 지금처럼 괴물 같은 모습이 아니라 새로운 온전한 모습으로 살아갈 수 있는데 왜 그 대답을 못하냐며 다그친다.

이때 페넬로피가 고개를 저으며 외친다.

"나는 새로운 모습 싫어요. 그냥 지금 이대로의 내가 좋아요."

그 순간 페넬로피는 어떤 강력한 힘에 이끌려 쓰러졌다가 일어나며 확인하게 된다. 집안 대대로 내려오던 저주가 풀리고 자신의 코가 온전히 사람의 코 모양이 되었음을.

분명 사랑하는 사람을 만나 결혼해야 저주가 풀린다고 했는데 나는 새로운 모습이 싫다고 외치는 순간 저주가 풀린 것이다. 이게 도대체 어떻게 된 일인가? 저주를 푸는 해법이 잘못 전해져오고 있었던 걸까?

저주를 거는 완벽한 방법 vs 저주를 푸는 완벽한 방법

진정으로 사랑하는 사람을 만나는 것, 사랑하는 사람과 결혼하는 것, 진정한 사랑을 하거나 받는 것. 보통 저주는 이런 해법을 가지고 있다. 〈미녀와 야수〉가 그렇고, 〈잠자는 숲 속의 미녀〉가 그렇다. 많은 경우 이렇게 '진정한 사랑'이 저주를 풀 열쇠로 설정된다.(이런 해법은 혹시나 모를 때를 대비해서 알아두면 좋다)

여기에서 '진정한 사랑'은 누구를 향한 사랑일까? 이 영화에서 말하는 사랑하는 사람과 결혼하는 것은 무엇을 은유하는 걸까?

그리고 페넬로피가 마침내 진정으로 사랑하게 된 사람은 누구였을까?

그렇다면 위 질문들을 하나씩 살펴보자.

"진정으로 사랑하는 사람을 만나는 것"

여기에서 무언가 하나가 빠져 있다. '누구를'이 언급되어 있지 않다. 그렇다면 진정으로 사랑한다면 누구를 사랑해도 괜찮다는 것이다. 상대방이 누구이든 진정으로 사랑하기만 하면 되는데 그 상대방이 '나'이면 안 된다는 규칙이나 금지조항이 없다. 진정으로 사랑하는 사람이 나 자신일 수도 있는 것이다. 물론 누군가를 사랑하는 것보다 나 자신을 사랑하는 것이 더 어려운 일일 수도 있다. 상대방에게 반해서 환상 속에서 모든 면을 사랑하는 것이 더 쉬울지도 모른다. 나 자신의 부족함을 다 알고 있으면서 그런 면을 모두 사랑한다는 것은 무척이나 어려운 일이다.

"사랑하는 사람과 결혼하는 것"

이 영화에서는 귀족이라는 말이 나오는데 아마도 이때 '귀족'은 다른 사람을 알아볼 줄 아는 고귀한 사람이란 뜻이 아닐까 싶다. 다른 사람을 무시하고 하찮게 여기고 외모만 가지고 판단하는 사람을 어떻게 '귀족'이라고 말할 수 있을까? 그리고 '결혼'은 온전한 결합을 말하기 때문에 단순한 결혼식이 아니라 자기 자신과의 일치 역시 결혼이라고 표현하지 않았을까 싶다. 결혼은 사랑의 상징이자 온전한 일치와 결합을 의미하기 때문에 막연했던 자기 자신에 대한 사랑이 비로소 완성되는 지점을 말하는 것이라고 생각된다.

"페넬로피가 마침내 사랑하게 된 사람"

주인공 페넬로피가 저주를 풀기 위해 사랑하게 된 사람은 바로 자기 자신. 그렇다면 결국 우리가 마침내 사랑해야 할 사람은 나로 나. 이 영화는 아주 정석적인 답을 흥미로운 경로를 통해 이끌어나가고 있다. 휴우, 얼마나 다행인가. 자신의 못난 코를 마침내 사랑해줄 사람이 다른 사람이 아니라 자기 자신이라서 말이다.

페넬로피는 자신의 코 모양이 자신의 존재가치를 대변할 수 없다는 것을 알아챈 것이다. 그것이 저주를 풀 열쇠인지는 몰랐더라도 말이다. 자신의 외모가, 자신의 코가 저주라고 생각하지 않는다면 이미 저주를 풀 열쇠가 필요 없어지는 것이다. 왜냐하면 저주가 아니니까.

사람들은 저마다 콤플렉스를 갖고 살아간다. 그것은 내가 어쩌지 못하는 것일 경우가 더 많고 외적인 경우에는 더 우울감에 빠지기 쉽다. 키, 외모, 재능, 목소리 등 그것 때문에 나는 쓸모없는 사람 혹은 사랑받을 수 없는 사람이라고 생각한다. 그러면서 나 자신을 인정하지 않고 거부하게 된다. 스스로를 사랑하지 않는 선택을 하며 그것은 결국 스스로에게 큰 아픔을 남기기도 한다.

나는 나를 사랑한다

그러면 〈페넬로피〉 이야기에 빗대어 자존감을 정리해볼까 한다.

자존감의 핵심은 어쩌면 외모가 못나거나 내가 가진 것이 없거나 괴물 같은데도 나를 사랑하는 것이 아니라 그러한 것들과 상관없이 내가 얼마나 온전한 존재인지를 깨닫는 것일지도 모르겠다. '못난 점들이 있음에도'가 아니라 그 자체가 얼마나 온전한지의 차원을 말한다. 돼지코를 못난 돼지코로 보는 것이 아니라, 나의 사랑스러운 코로 바라보는 것. 그것 역시 나의 일부이고 내가 가장 사랑해줘야 할 대상이니까.

'나'를 이루고 있는 것들, 얼굴, 키, 손과 발, 성격, 환경, 재능 등이 얼마나 사랑스럽고 고마운 존재인지 아는 것이 스스로 저주를 걸지 않는 동시에 저주를 푸는 가장 완벽한 방법이라고 이 영화는 분명하게 말하고 있다.

아동심리학자들은 사랑의 개념에 네 가지 단계가 있다고 한다.

1단계 : 나는 사랑받고 싶다.

2단계 : 나는 사랑할 수 있다.

3단계 : 나는 나를 사랑한다.

4단계 : 나는 모든 것을 사랑한다(보편적인 사랑, 이 세상 존재하는 모

든 것을 사랑해)

위에서 1, 2단계와 3단계의 차이가 보이는가? 그렇다, 대상이 달라졌다. 1단계, 2단계는 누군가가 있어야만 가능하다. '나는 사랑받고 싶다'가 실행되려면 나를 사랑해주는 사람이 있어야 하고, '나는 사랑할 수 있다'가 실행되려면 내 사랑을 받아줄 누군가 혹은 내가 사랑할 수 있는 누군가가 있어야 한다.

그런데 3단계는 다른 누군가가 아닌 나를 사랑하는 것이다. 모든 인간이 예외 없이 가장 큰 목적으로 두는 것이 바로 이 3단계인 '내가 나를 사랑하는 것'이며, 내가 소중하게 여기는 사람들에게 가장 주고 싶은 것 역시 자기 자신을 온전히 사랑하는 법을 알려주는 것이다.

이런 상황을 한번 상상해보라. 내가 학교 선생님인데 어떤 학생이 졸업을 하면서 "선생님은 최고의 선생님이셨어요."라고 말한다면 더없이 행복할 것이다.

그럼 이건 어떤가?

"선생님 덕분에 저는 저를 온전히 사랑하게 됐습니다."

차원이 다른 행복이 상상되는가?

또 이렇게도 상상해보면 좋겠다. 내가 이 생애에서 죽음을 맞이할 때 나의 아이가 하는 말을 다음 두 가지 중에서 선택할 수 있다면 무엇을 선택하겠는가?

"엄마, 엄마는 최고의 엄마였어요."

"엄마, 엄마 덕분에 저는 저를 온전히 사랑하게 됐어요."

부모 교육과 교사 연수에서 물어보면 대부분의 부모들과 선생님들은 후자를 선택한다. 그것이 부모로서 그리고 선생님으로서 해야 할 가장 큰 역할이라고 생각하는 것이다.

이 영화는 자기 자신을 바꾸거나 누군가에게 의존하는 것이 아니라 그냥 있는 그대로의 자신을 받아들이는 한 사람의 이야기를 통해 우리에게 질문을 건넨다.

새로운 모습이 아닌 지금 이대로의 모습을 온전히 좋아하고 있느냐고.

나를 사랑한다는 것의
의미

한 고등학교에서 영화 〈페넬로피〉를 통해 나를 사랑한다는 것은 과연 무엇을 어떻게 해야 하는 것인지에 대해서 학생들과 함께 정리한 내용이다. 나를 사랑한다는 것은 무엇인지 다음 문장들을 함께 사색해보기를 권한다.

그것이 나를 사랑하는 방법으로 선택한 것인가?

무언가를 선택하고 선택해야 할 때 '나를 사랑하는 방법으로 선택한 것인지' 스스로에게 물어봐주는 것이다. 만약 나의 마음은 무시하고 다른 사람의 시선과 평가 그리고 다른 사람의 요청을 들어주기 위해서 한 선택이라면 그 선택을 잠시 보류하고 나를 가장 사랑하는 방법으로서의 선택은 무엇인지 생각해본다. 그리고 가능하면 그 선택으로 바꾼다.

지금 내 마음이 어떻지?

스스로의 마음을 물어주는 것은 자기 자신을 사랑하는 가장 좋은 방법이다. 상황과 관계에 휩쓸리는 것이 아니라 지금 내 마음이 어떤지를 살펴보면서 '공간'을 갖는 것이 중요하다. 마음이 성장하는 데 '공간'을 갖는 것만큼 훌륭한 것은 없다. 그리고 마음의 공간은 성찰을 가져온다.

나 자신이 무엇을 좋아하는지 묻는 힘

환경과 상황은 변하게 되어 있다. 외부적인 상황이든 마음의 측면이든 영원한 것은 없다. 그래서 그때마다 내가 무엇을 좋아하는지 묻는 것이 중요하고 좋아하는 것을 향해 걸음을 내딛는 것이 중요하다. 그러기 위해서 스스로에게 물을 수 있는 힘이 필요하다. 인생의 갈림길에서 "어디로 갈까?" 이전에 물어야 할 것은 "내가 어느 길을 좋아하지?" "내가 무엇을 좋아하지?"이다. 좋아하는 것을 제대로 아는 것도 중요하지만 스스로에게 묻는 힘은 중심을 잡아준다.

자존감을 지켜주는 친구를 곁에 두고 그런 친구가 되는 것

함께하면 할수록 나의 존재가치를 인정해주고 높여주는 친구들이 있다. 이것은 응원, 지지, 격려, 내 편, 축복, 축하 등과 연결될 수 있다. 나를 사랑하는 방법 중 하나는 나의 자존감을 지켜주는 친구를 곁에 두고 나 역시 그런 친구가 되어주는 것이다. 서로가 주고받는 영향이 행복한 방향으로 흐르고 있다면 그 관계는 나를 사랑하게 하는 관계다.

나를 있는 그대로 인정하는 것, 나는 이미 완전하다

혹시 믿을 수 없더라도 우리는 믿어야 한다. 이것은 사실을 넘어 진실이다. 나는 있는 그대로 완전하고 존재가치가 있다. 이것은 모든 사람들이 믿어야 할 중요한 진실이다. 나를 있는 그대로 인정해주고 내가 완전하다는 것을 알아줄 수 있는 유일한 사람은 나 자신이다.

14

"마법이란 무엇인가?
그 은유의 끝자락에서"

"끔찍하군. 몸이 돌같이 무거워."
"그래요, 마음이라는 건 무겁거든요."

원작 소설을 영화화한 영화들이 있다. 원작이 담고 있는 탄탄한 구성의 이야기에 영화의 상상력과 예술적 기술이 접목되어 또 하나의 작품으로 탄생되기 때문에 원작이 있는 영화를 선호하는 마니아들이 있다. 이런 영화들은 원작을 통해 이야기가 독자들에게 어떤 울림을 주는지 인기를 가늠해볼 수 있어서 기본적인 신뢰도가 있다는 요건을 갖추고 있다. 책으로 이야기를 접할 때에는 저마다의 머릿속에 주인공과 등장인물들의 이미지가 만들어지는데 영화화되면 이것이 영화감독의 상상력을 거쳐 실제로 눈앞에 볼 수 있는 형태로 변모하게 된다. 그래서 영화 시나리오로 영화를 만드는 것보다 원작을 영화화하는 과정에 더 많은 에너지와 조사가 필요하다고 한다. 원작을 영화화할 때에는 원작을 각색해서 시나리오를 만들고 원작 이미지를 최대한 반영하기 위한 조사를 해서 캐릭터들을 섬세하게 만들어내는 과정을 거친다.

〈해리포터〉 역시 원작을 영화화한 대표적인 영화인데, 주인공 해리포터의 경쟁률이 무려 4만 대 1이었다고 한다. 이는 인기가 그만큼 높다는 걸 가늠할 수 있는 것이기도 하지만 원작의 이미지를 잘 반영할 인물을 찾는 데 열의가 컸던 것이라고도 볼 수 있다. 그만큼 원작의 이미지를 잘 반영한다는 것이 쉬운 일은 아닐 것이다. 작가와 감독이 갖고 있는 이미지뿐만 아니라 이미 그 책을 읽은 독자들이 상상하는 이미지 또한 반영해야 하기 때문이다. 아마도 내가 읽은 그 책을 영화로 어떻게 표현했을까 궁금한 마음에 영화에 거는 기대가 더 클 것도 같다. 이런 측면에서 본다면 원작 소설을 각색해서 영화로 만드는 감독들은 얼마나 긴장이 될까?

\<하울의 움직이는 성\>의 원작

미야자키 하야오 감독의 〈하울의 움직이는 성〉은 워낙 영화로 널리 알려져 있지만 원작이 따로 있다. 원작은 영국 작가 다이애나 윈 존스의 소설로, 시리즈로 되어 있는데 1권을 미야자키 하야오가 영화화한 것이다. 다이애나 윈 존스는 마법사와 도깨비 등을 소재로 한 이야기에 관심이 많고 주로 어린이를 위한 판타지 소설을 쓴 작가다. 〈하울의 움직이는 성〉은 작가의 천재성과 뛰어난 감수성이 잘 드러난 작품이라는 평을 받았는데, 이미 은퇴를 선언한 미야자키 하야오 감독이 다시 컴백을 하게 만들 정도였다고 한다. 물론 아는 분은 알겠지만 미야자키 하야오 감독은 은퇴 번복을 아주 자주 했다.(개인적으로 아주 멋있다고 생각되기도 했는데 그 모든 때가 진심이었을 것 같다. 감동적인 작품을 만날 때 은퇴 번복은 최고의 찬사 같기도 하다. 그래서 우리가 이런 아름다운 영화를 만날 수 있는 것이기도 하고.)

그래서 영화를 보면 분명 일본 애니메이션(그 유명한 지브리 스튜디오의 애니메이션)인데도 배경이 영국의 작은 마을 같은 느낌을 주는데

이는 영국 작가의 묘사와 일본 감독의 감성이 합쳐졌기 때문이 아닐까 한다(그 묘사를 충실하게 해내기 위해서 감독이 찾아낸 곳이 프랑스의 '콜마르'이다).

이 영화는 성이 움직인다는 것 자체가 아주 신선하고 창의적이어서 그 해석을 많이들 내놓고 있다. 실제로 이 아이디어는 다이애나 윈 존스 작가가 어느 작은 마을의 초등학교에서 강의를 하던 중에 한 아이가 움직이는 성을 주제로 글을 써보면 어떠냐고 한 데서 나온 거라고 하니 '실제하는 상상'에서 비롯된 이야기인 셈이다.

원작이 있는 영화를 만나면 원작과 비교해보는 재미가 있는데 이 〈하울의 움직이는 성〉은 원작과 영화가 사뭇 다르다. 내용이 다르다기보다는 그 내용을 다루는 형태가 아주 다른데, 예를 들어 영화에서는 하울이 전쟁에 반대하는 아주 의식 있는 인물로 묘사되지만 원작에서는 여자들의 마음을 갖고 장난치는 성향의 모습이 더 강조되어 나온다. 또한 원작에서는 주인공 소피와 하울의 영화에서와 같은 사랑 이야기는 거의 없고 마지막에만 현실적인 결혼으로 이어진다. 그래서 영화를 먼저 보고 나서 원작을 읽으면 약간의 적응 시간이 필요하다. 그렇지만 원작 또한 이야기하고자 하는 점이 분명하고 여러 사건의 연결과 나열이 책장이 술술 넘어가게 하니 원작을 꼭 읽어보기를 추천한다.

우리는 어디로 움직이고 있나?

원작과 영화 모두 내용은 이렇게 시작된다. 집안의 장녀인 소피는 아버지가 돌아가시고 나서 모자가게를 자신이 이어받아야 한다고 생각하고 있다. 자신의 꿈을 생각할 겨를도 없이 주어진 삶을 무조건적으로 수용하려고 하고 그저 다락방에서 모자 만드는 일에만 열중한다. 동네에 축제가 열리는데도 도무지 관심을 갖지 않는 소피의 모습은 이런 특징을 잘 드러내준다. 그러던 차에 황야의 마녀와 마주치게 되고 어찌어찌하여 저주에 걸리게 된다. 저주에 걸린 소피는 10대 후반의 아이에서 90대의 노인이 된다. 하루아침에 너무도(세월 차이가 엄청난) 늙어버린 소녀는 더 이상 집에 머물 수 없어서 집을 나와 마법사 하울의 움직이는 성으로 들어가게 되고 저주를 풀기 위해 노력하지만 그 여정이 쉽지만은 않을 것이 분명하다.

여기에서 아주 선명한 은유 하나를 함께 이야기 나누고 싶다. 하울의 '움직이는 성'이 상징하는 것은 무엇일까? 성은 원래 움직이지 않고 한 군데 세워져 있으며 으리으리하고 견고하다. 그런데 하울의 움직이는 성은 한 곳에 정착하지 않고 이리저리 돌아다닌다. 성이 막 돌아다닌다는 것이 이해가 가는가? 아니 상상이 가는가? 게다가 으리으리하지도 않고 고물들의 집합체 같은 모습을 하고 있다. 우리가 알고 있는 바로는 성이란 기본적으로 왕과 왕비, 왕자와 공주들이 사는

217　　★ 하울의 움직이는 성

곳으로서 로열 패밀리의 주거 공간답게 럭셔리하고 웅장하며 압도될 정도로 화려해야 하고 건축 재질로 대리석 정도는 곳곳에 있어줘야 하는데, 하울의 성은 거의 고물과 쓰레기 더미 같은 것들로 이루어져 있다. 소피가 처음 하울의 움직이는 성에 들어갔을 때 가장 먼저 한 일이 공간을 만들기 위한 어마어마한 대청소였을 정도다.

'하울의 움직이는 성'은 과연 무엇을 상징할까? 참고로 하울 역시 10대 후반의 소년이라고 한다.

많은 사람들이 방황, 정착하지 못하는 소년의 마음, 자신의 길을 찾아다니는 여정 등으로 해석하기도 하고, 자유를 상징한다고 말하기도 한다. 또한 움직이는 것을 원해서 돌아다니는 것이 아니라 세상이 하울을 온전히 받아주지 않아서 떠돌아다니는 것이라고도 한다.

여러분은 어떤 해석에 더 마음이 가는가? 어쨌든 정지되어 있지 않고 움직이는 성 자체가 하울의 특징과 마음 상태를 반영하고 있는 것만은 분명한 듯하다. 움직이는 성을 해석해보는 것만으로도 이 영화는 의미가 있다.

이 영화에는 또 한 가지 빼놓을 수 없는 은유가 등장한다. 바로 10대 소녀인 소피가 90대의 노인이 되는 것이다. 어느 날 갑자기 확(그냥 확이 아니라 정말 긴 세월을 건너뛰어 완전 확) 늙어버리는 건 과연 무엇을 뜻할까? 그리고 모자를 만드는 방에서 거의 나오지 않던 소피가 그제야 집을 나서는 모습을 어떻게 해석할 수 있을까?

먼저, 젊음의 상징인 소녀가 노인이 된다는 건 무슨 의미일까?

영화 앞부분에 짤막하게 나오는 몇 가지를 살펴볼 때 소피는 삶에 매우 수동적인 아이다. 장녀라는 이유로 자신의 꿈이나 흥미와는 상관없는 모자가게를 물려받아야 하는 의무에 사로잡혀 있다. 여동생 레티와의 대화를 보면 그것이 더 분명하게 드러난다.

"언니는 하고 싶은 것도 없어? 다른 꿈을 꿔도 되잖아. 그 다락방에서 나와."

소피는 그런 말들에 동요하지 않는다. 아니 반응하지 않는다는 표현이 더 맞을 것이다. 주어지는 삶에 자신을 소진시켜도 된다고 생각하는 것처럼 혹은 아무 생각이 없는 것처럼 말이다. 영화 초반에 소피는 자신의 마음이나 의견을 드러내는 일이 거의 없다. 심지어 마법에 걸려 노인이 되었을 때도 심하게 당황하지 않고 침착하려고만 하고 다른 사람들에게 그런 모습을 보여줄 수 없다는 생각에 몰래 집을 나선다.

만약 이런 주인공을 만난다면 어떤 말을 건네고 싶은가? "그러지 말고 더 당당하게 네 꿈을 말해봐. 네가 하고 싶은 것이 뭔지 동생에게라도 밝혀보면 어때?"라고 말을 걸고 싶을지도 모르겠다. 영화는 이렇게 짧은 장면을 통해 주인공을 향한 막연한 동질감과 안타까움을 관객과 나누는 소통을 시도한다.

어쩌면 소피가 살고 있는 모습 자체가 10대의 모습이 아니라 90대의 모습일 수 있다. 움직이지 않고 시도하지 않고 새로운 꿈을 꾸려고 하지 않는 것. 나이가 어리다는 것이 꼭 젊음을 의미하지는 않는다. 몸은 10대인데 마치 세상을 다 산 90대 노인처럼 삶을 살아갈 수도 있다. 소피처럼.

마법에 걸려 어쩔 수 없이 집을 떠나야 했던 소피는 떠남 그 자체로 비로소 능동적이 된다. 집을 떠난 소피는 살 곳을 찾아서 심장을 빼먹는다는 소문이 무성한 하울의 움직이는 성으로 들어가게 된다. 집을 떠나야겠다고 마음먹자마자 먹을 것을 챙겨서 곧바로 떠나고, 저 언덕 너머 마법사들이 산다는 그곳으로 목적지를 정하고, 마법에 걸린 것이 하울과 연관 있는 것 같아서 무섭지만 하울을 찾아가는 것. 소피는 "이제 90대이다 보니 오히려 이 모든 것들이 겁날 것이 없다"고 표현한다.

들어오라는 소리도 안 했는데 하울의 움직이는 성으로 들어간 소피는 아주 능동적으로 생활을 해나가기 시작한다. 청소를 하고, 요리를 하고, 마법에 걸린 살아있는 불꽃을 향해 협박도 하고, 하울을 보살피기도 한다. 이전의 소피 모습을 떠올려봤을 때 이런 모습은 아주 놀라운 발전이라고 할 수 있다.

그리고 영화에서 유심히 봐야 할 부분이 있는데 영화가 진행될수록 소피의 모습이 조금씩 젊어진다는 것이다. 소피가 능동적인 행동을 할 때마다 조금씩 젊어지며 삶에서 자신이 주인공이 될수록 얼굴의 주름이 펴지고 굽은 허리가 곧아진다.

이쯤 되면 여기서 잠시 우리를 돌아봐도 좋을 것 같은데, 진지하게 고민을 해서 숫자를 말해보길 바란다.

나는 지금 몇 살로 살고 있나? 지금 내가 삶을 살아가는 태도와 마음은 과연 몇 살일까?

지금의 내 나이와 상관없이 숫자를 말해보는 것이다. 말했는가? 말하고 나서 마음이 어떤가?

혹시 약간 슬퍼지는가? 아니면 왠지 모를 뿌듯한 마음이 드는가? 마치 이 영화는 소피를 통해 이런 기준을 제시해주는 것만 같다. 어느 나이이건 꿈꾸기 좋은 나이나 꿈을 접어야 할 나이는 없는 것이다. 특히 너무 이른 나이에 꿈을 접지 말라고도 말하고 있다. 90세의 노인도 꿈을 찾아 길을 나서니 말이다.

원작과는 달리 영화에서 하울이라는 캐릭터는 반전사상을 드러낸다. 하울은 자신의 성을 움직이고 다닐 정도로 마음을 한 곳에 정착시키지 않고 마치 세상에 별 관심이 없는 것 같지만 전쟁을 몹시 싫어하고 전쟁을 멈추기 위해서 자신의 몸을 희생하기도 한다. 전쟁으로 인해 파괴되는 모든 것들을 안타까워하고 마법사이기 때문에 국왕이 탐을 내는데도 아군과 적군 어느 편에도 서고 싶어 하지 않는다. 전쟁에 조금이라도 관여하고 싶어 하지 않으면서도 관심을 거두지 못하고 밤마다 전쟁을 종식시킬 수 있는 무언가를 하기 위해 밤하늘을 날아다닌다.

미야자키 하야오 감독의 다른 영화에서도 엿볼 수 있는 반전사상이 아주 잘 반영된 장면이라고 할 수 있다.

내가 소피의 마법에 걸린다면?

하울의 움직이는 성에서 이러저러하게 같이 살아가던 하울과 소피는 서로에게 많은 영향을 미친다. 소피는 자기만의 세상을 고수해오던 하울의 인생에 서서히 발을 들여놓고, 하울은 무심한 듯 소피를 지켜보고 보호하며 애틋한 감정을 키워간다.

특히 소피는 하울의 심장을 다시 하울의 몸 안으로 되찾아주는 역할을 하는 것은 물론이고 시간이 갈수록 아주 능동적이고 용기 있으며 당당한 소녀가 되어간다. 영화 초반 유약한 소피를 보면서 관객들이 바랬을 막연한 모습을 구체적으로 보여준다.

영화 마지막에 소피는 어떤 얼굴이었을까? 몇 살의 얼굴이었을까? 머리색은 그대로되, 얼굴은 예전 10대 소녀의 모습으로 돌아온다. 머리색으로 소피가 경험한 것들을 상징적으로 보여주면서 얼굴은 원래의 모습으로 돌아오는 것이다.

여기에서 흥미로운 점, 소피가 황야의 마녀가 건 마법에 걸려 노인이 되었다가 원래 모습으로 돌아오는 부분이다. 보통 마법을 풀려면 어떤 해법들이 있어야 하는데 그런 것도 없고, 마침내 마법에서 벗어날 때도 '짠!' 하고 원래의 모습으로 돌아오는 것이 일반적인데 그렇지도 않다. 왜 그런 거 있지 않은가, 보통 마법이 풀릴 때 주인공이 한 바퀴 돌면 주변에 차르르 별빛이 쏟아지면서 '짠!' 하고 마법이 풀리고 그것을 확인한 주인공이 몹시 기뻐하면서 자신이 사랑하는 사람에게 달려가 안기는 그런 장면. 그런데 이 영화에서는 짠, 하고 마법이 풀리는 것이 아니라 일상에서 사건과 상황을 맞이하면서 서서히 마법이 풀린다.

또 하나 흥미로운 점은 그렇게 마법이 풀리기를 기다린 소피인데 어느 순간부터 마법이 풀리고 안 풀리고에 큰 관심이 없어 보이는 것이다. 그래서 그 흔한 "어맛, 다시 젊어졌네."와 같은 대사도 없으며 관객들이 '마법이 풀려서 천만다행이야.'라는 생각을 할 겨를도 주지 않고 자연스럽게 마법이 풀린다. 이것을 다시 정확하게 표현하자면, 마법이 '풀린다'라기보다는 마법이 더 이상 소피에게 아무 힘도 발휘하지 못한다고 표현하고 싶다. 마법이 마법이 아닌 것이다.

그리고 우리가 놓치지 말아야 할 것이 하나 더 있다. 황야의 마녀가 소피에게 마법을 걸 때, "너는 90대 노인이 되어라. 뾰로롱!"이라고 마법을 걸지 않는다는 것이다. 마법이 무엇이었는지 전혀 드러나지 않고 그저 마녀가 소피의 몸을 통과했을 뿐인데 소피가 할머니가된다.

그렇다면 황야의 마녀는 어떤 마법을 걸었을까? 어쩌면 "너의 내면 그대로의 모습이 겉으로 드러나라."였을 수도 있고, "꿈이 없다면 노인이 되어라."일 수도 있다. 도대체 어떤 마법을 걸었는지는 모르겠지만 소피는 몹시 늙어버렸다. 만약 같은 마법을 우리에게 건다면 우리는 어떤 모습으로 변모될까?

말을 하면 모두 이루어진다

영화에서는 반영되지 않았지만 개인적으로 원작을 읽으면서 정말 좋았던 것이 하울만 마법사가 아니라 소피도 알고 보니 타고난 마법사였다는 사실이 드러나는 부분이었다. 많은 사람들이 마법 능력이 뛰어난 하울에게 마법을 배우려고 하는데 소피도 역시 그랬다. 그런데 소피는 마법을 배울 필요가 없는, 하울처럼 타고난 마법사였다. 게다가 소피가 타고난 마법은 하울과는 차원이 다른 '말'이었는데 말을 하면 다 이루어지는 마법이다. 하울의 경우 마법 재료들을 넣고 주문을 외우는 마법이라면 소피는 그냥 '말'만 하면 다 이루어진다.

모자가게에 있을 때부터 어떤 모자에게 "너는 부잣집으로 가거라."라고 혼잣말을 하면 그 모자는 부잣집 부인에게 팔렸고, 어떤 모자에게 "너는 착한 주인을 만날 거야."라고 말하면 그 모자는 착한 부인을 만났다. 물론 이것은 영화에는 반영되지 않았지만 소설에서 아주 중요한 복선인 부분이다.

하울의 성에 들어와서도 "너는 분명 괜찮을 거야."라고 하면 그 대상들이 괜찮아졌다. '말'이 마법이라는 의미가 여러분에게는 어떻게 다가오는가? 나는 이런 생각이 들었다. 우리도 모두 소피가 지닌 것과 같은 마법 능력을 가지고 있는 것은 아닐까 하는 생각 말이다.

만약에 말이 마법이라면 어떨 것 같은가? 사람들에게 어떤 말을 건네고 어떤 말을 기대하게 될까?

말하는 대로 이루어진다는 것은 결국 에너지의 힘을 말하는데 이것은 아인슈타인의 빛알이론, 즉 양자역학이랑도 연결된다. 소피가 가지고 있는 마법 능력이 바로 그것이다.

영화에서는 하울을 더 주인공으로 내세우는 것이 판타지 애니메이션의 완성이라 이 부분이 강조되지 않은 거라고 추측한다. 또 미야자키 하야오 감독의 영화 만드는 스타일이 아주 독특하다는 점도 원작과 구성이 많이 달라지는 데에 한몫했을 거라고 생각한다.

미야자키 감독은 스토리를 놓고 그림을 그리는 방식이 아니라 그림을 먼저 그리고 그림과 그림 사이를 이야기로 연결하는 방식으로 영화를 만든다고 한다. 먼저 그리고 싶은 그림을 그려놓고 그림 사이를 연결하는 '영감'을 채택하는 방식이라 이야기에만 국한되지 않으며 그림이 아름답게 표현되는 것이 특징이다. 아마도 미야자키 감독의 영화가 새롭고 특별하게 느껴지는 것이 이런 점 때문이 아닌가 싶다.

〈하울의 움직이는 성〉의 원작을 꼭 읽어보기를 추천한다. 원작에 담긴 상징적인 은유를 통해 스스로에게 질문을 해보는 시간을 가질 수 있을 것이고, 영화에서 받는 감동에 원작에서 전해지는 감동이 더해져서 풍성함을 한껏 느낄 수 있으리라 확신한다.

15

"행복 찾아 떠나는
세계여행"

"미안해, 설명하지 않고 이런 미친 여행을 와서.
사실은 뚜렷한 이유가 없어. 그냥 온 거야. 나 스스로에게도 설명 못하는걸.
나 정말 행복에 대해서 많이 배웠어. 내 큰 불행은 당신을 잃는 거야.
내가 행복해지는 건 당신과 함께할 수 있는 사람이 되는 거야."

한 정신과 의사가 있다. 정신과 의사로서 날마다 만나는 사람들 모두가 삶이 우울하고 힘들다고 말한다. 그가 만나서 상담하는 사람들은 끊임없이 자신이 얼마나 행복하지 않은지 이야기한다. 그는 그들에게 당신의 삶이 결코 불행하지 않다고 알려줘야 하고 행복한 삶을 살아갈 수 있는 힘과 방향을 안내해줘야 한다. 그런데 사실 그 자신도 행복을 느끼고 살고 있다고 자신 있게 말할 수 없으며 무엇보다 행복이 무엇인지 잘 모르겠다.

온갖 불행하다는 삶에 대해 듣고 있는 의사 역시 자신에게 물음을 던지게 된다.

"나는 행복한가?"

"행복이란 게 무엇일까?"

나에게 행복이란 무엇인가?

많은 사람들이 자기 자신에게 이런 질문을 한다.

"나는 행복한가?"

"과연 행복이 무엇일까?".

특히 이 질문은 행복할 때보다 행복하지 않을 때 더 많이 하게 된다. 나는 과연 행복한가라는 물음을 이 영화는 여러 각도에서 생각해볼 수 있게 아주 친절하고 구체적으로 안내해주고 있다.

환자들에게 염증을 느꼈을 수도 있겠고, 자신의 삶에 염증을 느꼈을 수도, 혹은 결혼이 끊임없이 망설여지는 자신에게 염증을 느꼈을 수도 있다. 이 정신과 의사는 갑자기 세계 곳곳으로 여행을 가야겠다고 결심하고 바로 길을 나선다.

'행복이 무엇인가?'라는 질문으로 시작된 세계여행. 세계 곳곳의 사람들을 만나 자신이 행복하다고 생각하는지, 행복이 무엇인지 묻는다. 이것은 다른 사람들에게 하는 질문이기도 하지만 자기 자신을 향한 질문이기도 할 것이다. 그렇게 질문과 답을 찾기 위해 세계여행을 시작하게 된다.

혹시 여러분은 이런 로망을 가져본 적이 있는가? 행복이 무엇인지 제대로 알아낼 때까지 세계 곳곳을 방랑하고, 내면 가득한 질문들을 하나씩 해답을 찾아가며 해결하겠다는. 주인공 헥터 역시 이렇게 여행을 시작했을 것이다.

〈꾸뻬씨의 행복여행〉은 책으로 먼저 유명해졌고, 실제 저자 역시 정신과 의사였다가 작가로 전향한 케이스로 유명하다. 이 책은 특히 한국과 독일에서 가장 인기를 끌었다고 하는데, 작가와의 인터뷰에서 왜 한국과 독일에서 이 책의 반응이 그렇게 좋았을까를 물으니 작가는 한국과 독일의 생활 패턴이 일 중심이라서 그렇지 않겠느냐고 했다. 행복을 갈망하는 마음에서 이 책을 많이 보지 않았을까 하는 생각이 드는 대목인데 한편으로는 아릿한 마음이 든다.

행복할 때와 행복하지 않을 때 중에서 어떤 때 '행복'이라는 단어에 더 크게 반응할까? 그렇다. 행복할 때보다는 행복하지 않을 때다. 행복할 때는 그 중심에 있기 때문에 행복이 그립거나 알고 싶거나 갖고 싶지 않지만 행복하지 않을 때는 얼른 행복하고 싶고, 내가 왜 행복하지 않은지 의문이 들고, 현재의 삶에서 변화를 강하게 꿈꾸게 된다.

이와 같은 맥락에서 행복이 무엇인지 제대로 알고 싶은 주인공 헥터는 사랑하는 여인을 집에 남겨두고 기약 없는 여행을 시작한다. 그리고 여행을 하면서 만나는 사람들과 사건들에서 발견한 15가지의 행복에 대해 메모를 하고 여행 마지막에는 자신이 찾아낸 행복에 대한 정의를 안고 집으로 돌아온다.

행복에 관한 15가지 이야기

주인공 헥터가 행복에 대한 정의를 찾아내기 이전에 여행하면서 겪은 여러 경험과 사건, 사람들을 통해 얻어낸 15가지의 메모들이다. 하나하나 눈여겨보기 바란다.

1. 남과 비교하면 행복을 망친다.
2. 많은 사람들은 돈이나 지위를 갖는 게 행복이라 생각한다.
3. 많은 사람들은 행복이 미래에 있다고 생각한다.
4. 두 여자를 동시에 사랑할 자유가 행복일지도 모른다.

5. 때로는 진실을 모르는 게 행복일 수도 있다.

6. 불행을 피하는 것이 행복의 길은 아니다.

7. 상대가 날 끌어올려줄 사람인가, 끌어내려줄 사람인가?

8. 행복은 소명에 응답하는 것

9. 행복은 있는 그대로 사랑받는 것

10. 행복은 고구마 스튜

11. 두려움은 행복을 가로막는다.

12. 행복이란 온전히 살아있음을 느끼는 것

13. 행복은 좋은 일을 축하할 줄 아는 것

14. 사랑은 귀 기울여 주는 것

15. 향수에 젖는 것은 촌스러운 짓

이 문장들을 읽으면서 혹시 나에게 더 특별하게 와 닿는 것이 있는가? 15가지 중에 가장 격하게 고개를 끄덕이게 하는 문장은 몇 번인가? 아니면 약간 고개를 갸웃거리게 하는 문장은 몇 번인가?(추리해보건대, 4번 문장에서 '어랏?' 했을 것이다. '두 여자' 말고 '자유'에 초점을 두면 조금 괜찮아질 것이다.)

헥터는 맨 처음 중국으로 여행을 떠나는 길에 비행기에서 우연히 만난 돈 많은 은행가(완전 갑부)를 통해 돈과 권위가 행복을 준다는 주장을 접하게 된다. 그 갑부가 보여주는 행복은 돈이 주는 풍족함, 쾌락과 향락, 특별한 사람으로 대접받는 것 등이다.(영화를 보면 그렇

게 여행할 수 있다는 것이 부러울 정도로 화려하고 즐거워 보인다)

헥터는 그동안 경험해보지 못한, 돈으로 할 수 있는 아니 돈으로 '마음껏' 할 수 있는 것들을 경험하게 된다. 클럽, 호텔, 술, 또 다른 돈이 많은 사람들, 그리고 애인이 아닌 다른 여자들까지. 정말 이것이 행복이 아닐까 하는 생각이 들 정도로 화려한 밤을 보낸다. 하지만 사람을 만나 진정한 이야기를 듣고 싶었던 헥터에게는 돈으로는 채워질 수 없는 것들, 예를 들면 돈 많은 은행가의 가족에 대한 그리움과 외로움, 하룻밤의 관계지만 한 여자에게 느낀 사랑의 마음, 자신을 사람이 아닌 돈으로 보는 다른 사람들의 시선 등을 느끼게 되면서 급격하게 회의감에 사로잡힌다. 이미 여러분이 짐작하였듯이 돈과 권위 그 안에서 어떤 허무함과 마주하게 된 것이다.

그렇게 다시 길을 떠난 헥터는 어느 사원에 도착하게 되는데 그곳에서 만난 노승과의 대화를 통해 스스로 행복에 대한 여러 질문을 발견하는 시간을 갖게 된다.

노승이 헥터에게 가장 많이 하는 말이 "질문의 수준을 더 높여보세요."인데 과연 이 말은 무슨 뜻일까? 잠시 둘의 대화를 들어보자.

"망명자네요. 신념 때문에 투옥되고 사랑하는 가족을 잃고 그렇게 힘든 일을 많이 겪었는데 어떻게 행복할 수 있죠?"

"많은 걸 겪었으니까요."

"행복을 찾는 건 좋은 거지만 그걸 목적으로 하면 안 된다는 말씀인가요?"

"헥터, 질문의 수준을 높여봐요. 뭘 찾는가보다 뭘 피하려 하는가가 문제지요."

"불행 같은 거요? 불행을 피하려 하지 말라고요?"

"그것보다 더 높게요."

"불행을 피하는 것이 행복의 길은 아니다."

"답을 스스로 다 알고 있네요, 헥터."

저 앞의 15가지 행복에 대한 문장 중에서 6번의 문장은 이렇게 완성된다. 여기에서 스스로 알고 있는 답을 '발견'하기 위해서 '질문'이 중요하다는 것은 잘 알겠다. 그렇다면 질문의 수준을 높이라는 건 과연 무슨 뜻일까?

예를 들어, '나는 왜 맨날 이 모양이지?'라고 질문을 한다면, 이 질문은 '모양'에 대한 질문이 된다. 그러면서 책망이 동시에 이루어지고 있다. 여기에서 질문의 수준을 조금 달리해보면 '이런 일이 있을 때마다 자책하는 것이 답일까?'라는 질문, 그리고 '이런 일에 자책하는 나는 누구인가?'라는 질문으로 이어질 수 있다. 그러면서 결국 '나'를 물어가는 질문에 도달하게 되는 것이다. 질문의 수준 혹은 질문의 각도를 다르게 하면 다른 시각으로 볼 수 있다.

사원에서의 장면 중 인상 깊은 것이 바로 '바람'과 관련된 장면이다. 헥터는 이 높은 사원에서는 외부와 통신이 이루어지지 않을 거라고 생각한다. 아마 우리도 분명 그랬을 것이다. 그래서 스카이프가 있다는 말에 무척 놀라면서 "스카이프가 된다고요?"라고 반문을 한다.

헥터는 스카이프를 통해 여자친구와 오랜만에 화상통화를 하는데, 그러던 중 마침 바람이 불어와 스카이프 접시가 떨어지면서 미처 말을 다하지 못하고 통신이 끊기게 된다. 이놈의 바람, 하면서 답답한 마음에 화를 내는 순간, 노승이 몹시 즐거운 표정으로 헥터를 부른다. 어서 밖으로 나와보라고.

무슨 대단한 일인가 하고 밖으로 나와보니 사원의 승려들이 모두 나와 아이처럼 허공에 손을 대보기도 하고 하늘을 경이롭게 쳐다보기도 하면서 천진난만하게 뛰어다니고 있다. 노승이 너무나 즐거운 표정으로 헥터에게 말한다.

"헥터, 바람이 불어요. 이 바람 좀 보세요. 이 모든 것을."

자, 바람이 불고 있는 이 자리에 두 사람이 있다. 한 사람은 바람 때문에 여자친구와 이야기를 미처 다 나누지 못해 짜증이 나 있고, 한 사람은 바람이 분다며 온몸으로 춤을 추듯이 바람을 느끼고 있다.

그렇다면 '바람'은 좋은 일인가, 안 좋은 일인가? 여러분은 지금 이 순간 어느 쪽에 더 마음이 가는가?

여기서 '바람'은 무엇을 의미할까? 지금 존재하는 그 자체를 의미할까? 자연을 의미할까? 고난을 의미할까? 혹은 고난이라고 이름 붙이는 그것을 의미할지도 모르겠다.

헥터는 그 상황에서 마음이 어땠을까? 바람을 느끼며 너무나 즐거워하는 노승과 승려들을 보며 헥터는 도무지 미간이 펴지질 않는다. 방금 전 자신은 바람 때문에 짜증이 났는데 모두들 바람 때문에 기뻐하고 즐거워하며 심지어 그 바람을 한껏 누리는 모습이라니.

누구나 행복할 권리가 있다 vs 누구나 행복할 의무가 있다

자신만의 행복에 대한 정의를 찾기 위해 더 여행을 해야 한다는 것을 깨달은 헥터는 이제 아프리카로 향한다. 이틀 동안 비행기를 네 번이나 타야 하는데 특히 마지막 비행기는 놀라운 경험을 선사한다(정말이지 영화를 보면 이 장면이 너무 웃긴데 아마 실제로 겪었다면 절대 웃음이 나오지 않았을 것이다). 비행기가 너무나 작고 낡아서 기류에 몹시 흔들리는 공포의 경험. 이 비행기에서 어떤 상황에서도 평온함을 유지하는, 옆자리에 앉은 여성과 나누는 대화도 몹시 흥미롭다.

"이것만 기억하면 돼요. 상대가 날 끌어올려줄 사람인가, 끌어내릴 사람인가?"

이 문장에 덧붙이고 싶은 인용글이 있다. 오늘날에는 행복에 대한 철학이 약간 달라지고 있다고 하는데 그것과 관련 있는 말이다.

'행복' 하면 가장 먼저 떠오르는 말이 "행복은 자신이 마음먹기 나름"이라는 말이다. 이 말에서는 행복이 개인의 책임이라는 느낌이 강하게 전달된다.

"행복하려면 행복한 사람 곁으로 가라."라는 말이 있다. 2011년 미국의 학자 두 명이 아주 흥미로운 책을 썼는데 '행복도 전염된다'는 내용의 책이다. 이 책에 따르면, 행복하지 않은 사람들은 그들끼리 모여 있고, 행복한 사람들은 행복한 사람들끼리 모여 있다고 한다. 그렇다면 애초에 정말 그런 사람들이 삼삼오오 모였을까? 행복하지 않은 사람들이 서로를 알아보고 어느 한 장소에 모여든 것일까? 분명 서로 주고받은 영향력 때문에 분위기가 그렇게 이어져가고 있는 것이라 추정해볼 수 있다.

뇌의 연속성 법칙이라는 것이 있다. 즐거운 생각을 하면 즐거운 생각이 이어지고 힘들다는 생각을 하면 힘든 생각이 이어진다고 한다. 노래방에서 누가 발라드를 예약하면 연이어 발라드가 예약되고 댄스곡을 예약하면 댄스 노래가 연이어 예약되는 것처럼 말이다. 그러니 누군가 행복하지 않은 이야기와 분위기를 주도하면 옆에 있는 사람들도 연이어 그런 생각과 사례들이 떠올라서 행복하지 않은 이야기를 이어가게 되고 거기에 모여 있는 사람들은 모두 행복하지 않은 사람이 되는 것이다. 그 연구에 따르면 내 친구가 행복하게 되면 내가 행복해질 가능성이 약 15퍼센트 증가하고, 내 친구의 친구가 행복하게 되면 내가 행복해질 가능성이 약 10퍼센트 증가하며, 내 친구의 친구의 친구가 행복하게 되면 내가 행복해질 가능성이 약 6퍼센트 증가한다고 한다. 심지어 바로 곁이 아니라 친구의 친구의 친구에게 까지도 행복이 전염되는 것이다.

실제 과학적으로도 밝혀진 것처럼 사람은 곁에 있는 사람의 감정에 따라 즐거워지기도 하고 우울해지기도 한다. 난기류 비행에서 평온한 옆 사람에게 위로를 받으면서 사람 간의 영향력, 즉 연결과 관계가 행복에 미치는 영향이 언급되는 장면이라고 할 수 있겠다.

영화를 보다 보면 주인공 헥터의 표정과 태도가 서서히 변화되는 부분이 보이는데 다소 의기소침하고 어딘가 우울하고 경계하는 듯한 모습에서 다른 사람들에게 열려가는 모습이 발견된다.

힘든 비행이 될 거라는 말에도 상관없다고 "Absolutely!"를 외치고, 캐리어 랩핑 기계에 자신이 같이 돌아가서 랩으로 감겨도 천진난만하게 웃는 장면들이 그러하다. 나중에는 춤도 엄청 흥겹게 추고, 살아있음에 경배하며, 다른 사람들의 좋은 일에 축하와 축복을 보내는 모습도 볼 수 있다. 이처럼 다른 사람과 세상에 열려가는 모습이 자기 자신에게 열려간다는 증거일 거라 생각된다.

심리학에서 아주 중요한 개념이 하나 있는데, 사람은 자기 자신을 대하듯이 남을 대하게 되어 있다는 개념이다. 자기 자신에게 마음이 열려 있을 때 타인을 향해서도 그러하며, 자신을 있는 그대로 수용할 줄 알아야 다른 사람과 세상도 수용할 줄 안다는 것이다.

아프리카에 도착한 헥터는 또 어떤 상황과 사람들을 만나서 행복에 대한 정의를 발견하게 될까? 개인적으로 이 영화는, 지금 이 순간 이 책을 덮고 바로 볼 것을 추천한다.

헥터는 여행을 계속한다. 자신이 완전히 보내지 못한 과거와 만나기 위해 옛 여자친구를 만나러 로스앤젤레스로 간다. 거기서 한 과학자를 만나게 되는데 이 과학자는 행복에 대해 연구하는 과학자다. 뇌전파를 색으로 전환해서 그것이 슬픔인지, 공포인지, 기쁨인지를 구별하는 기계를 만들어 시엔엔(CNN)까지 출연한 아주 유명한 교수다.

주인공 헥터도 그 기계를 머리에 쓰고 슬픔의 장면과 공포의 장면 그리고 기쁨의 장면을 떠올리는데 잘 되지 않는다. 감정을 억누르는 것이 버릇이 되어 감정을 들여다보며 그 감정을 어른스럽게 만나고 다루는 법을 모른다. 그렇게 몰입하기 힘들어하는 사이 여자친구에게서 전화가 걸려오고 기계를 머리에 쓴 채로 듣게 되는 여자친구의 말, "나 엄마가 되고 싶어."

그녀를 행복하게 해주지 못할까 봐, 아니 스스로 행복하지 못할까 봐 눌러놨던 불안과 공포와 기대와 한꺼번에 마주하게 된다. 그리고 그 마음을 봇물이 터지듯이 한꺼번에 고백하는 순간 갑자기 그동안의 삶의 장면과 여행 장면이 지나가면서 마침내 행복이 무엇인지 제대로 알게 된다.

행복을 연구하는 교수 역시 헥터가 쓰고 있는 기계를 들여다보면서 뇌의 행복을 제대로 발견하는 순간을 맞이한다.

"이것은 모든 것이야. 행복은 모든 것이지."

불안과 공포와 슬픔과 기대와 후련함과 깨달음, 이 모든 것이 어우러진 헥터의 머릿속은 말 그대로 우주의 모습을 닮아 있다. 기쁨을 상징하는 한 가지 색이 아니라 모든 색을 보여주고 있다. 모든 것, 기쁨만이 행복이 아니라 슬픔과 공포와 기쁨 그 모든 것이 행복이자 삶이라는 것이다.

'모든 것'. 참 놀라운 주제이다. 행복은 모든 것. 행복은 어떤 것이 아니라 모든 것이라고, 그러니까 인생에서 일어나는 모든 것들은 '모조리' 행복이라고 말하고 있는 것이다. 그것은 곧 행복과 인생은 같은 말이라고 하는 것과 같다. 행복=인생.

헥터는 사랑하는 여자친구에게로, 그리고 자신의 일상으로 돌아가기 전 공항에서 사원의 노승과 화상통화를 한다.

"행복이 무엇인지 답을 찾았나요?"

"누구나 행복할 능력이 있다."

행복에 대해 질문의 수준을 더 높여서 대답해보라고 한다.

"누구나 행복할 권리가 있다."

또 질문의 수준을 더 높이라는 손짓. 헥터는 마침내 매우 선명하게 알게 된다.

"누구나 행복할 의무가 있다."

능력에서 권리로, 권리에서 의무로. 특히 권리와 의무가 아주 인상적인데 과연 무슨 차이가 있는 것일까? 강의 때 이 차이를 묻는 질문을 항상 하는데 딱 적합한 대답이 나온다.

권리는 누려도 되고 누리지 않아도 된다. 하지만 의무는 반드시 해야 하는 것이다. 그렇다면 "누구나 행복할 의무가 있다"를 풀이해보자면, 사람이라면 반드시 자기 자신을 행복하게 해야 할 의무가 있다는 것이다. 자신을 행복하게 할 의무 혹은 자신을 행복해지는 그곳에 두어야 할 의무, 그리고 자신이 행복하지 않은 곳에서 벗어날 의무.

이렇게 헥터의 여행은 마무리가 된다. 결국 파랑새는 내 곁에 있었다는 것을 확인하며 헥터는 행복한 나날과 일상을 보내며 살아간다. 그리고 이제 그 행복을 삶이 우울한 환자들에게 나눠줄 수 있다. 왜냐하면 헥터 자신이 행복하기 때문에.

이제 이 영화는 말한다. 꾸뻬씨의 행복여행처럼 당신의 행복여행을 떠나라고. 아마도 인생 여정이 행복여행이 아닐까?

영화 인문학 카드

영화를 보고 질문 카드를 만들어 작성해보고 함께 나누는 시간을 가져보자.

> ### OOO의 영화 인문학 카드 : _____를 보고
>
> ★ 나에게 남기고 싶은 대사와 장면
> ....
>
> ★ 나에게 항상 하고 싶은 질문
> ....
>
> ★ 나를 믿는다는 것은 어떤 의미일까?
> ....
>
> ★ 나는 어떤 영화 같은 삶을 살고 싶은가?
> ....

맨 위에 이름을 써서 'OOO의 영화 인문학 카드'라고 제목을 적고 함께 나눈 영화의 인상 깊은 대사와 장면, 나에게 항상 하고 싶은 질문, 나를 믿는다는 것, 나는 어떤 영화 같은 삶을 살고 싶은지 등을 적는다. 질문은 얼마든지 바꿀 수 있다. 카드를 모두 작성한 후 조별로 나누거나 짝꿍을 정해 나누는 방법도 좋다. 약간 두꺼운 종이에 인쇄하여 엽서 같은 느낌을 주면 간직하기에도 좋고 더 정성스럽게 적게 된다.

16

굿 윌 헌팅

"당신은 참
좋은 사람입니다"

"넌 지금 당첨될 복권을 깔고 앉고서도 너무 겁이 많아 돈으로 못 바꾸는 꼴이라고.
네게 있는 재주를 가질 수 있다면 나는 뭐든 할걸?
매일 아침 너희 집에 들러 널 깨우고 같이 외출해서 한껏 취하며 웃는 것도 좋아.
하지만 내 생애 최고의 날이 언젠지 알아? 내가 너희 집 골목에 들어서서
네 집 문을 두드려도 네가 없을 때야.
안녕이란 말도 작별인사도 없이 네가 떠났을 때라고."

〈굿 윌 헌팅Good Will Hunting〉. 1997년에 개봉한 너무나도 유명한 영화이자 미국인이 사랑하는 100대 영화 중 53위로 선정된 영화. 이 영화를 인생 영화로 꼽는 사람들을 많이 만나게 되는데 흥미로운 것은 그들 중 상당수가 처음 개봉했을 때 받았던 감동보다 세월이 지나 나이가 든 뒤에 받은 감동이 더 컸다고 말한다는 것이다.

사람들에게 사랑이야기만큼 감동을 주는 영화가 스승과 제자의 이야기가 아닐까 싶다. 우리는 성장하면서 누구나 어떤 방식으로든 선생님을 만났고 제자였던 적이 있으며 지금의 내가 되기까지 영향을 준 다양한 스승을 기억하고 있다.

이 영화는 주인공 맷 데이먼과 벤 애플렉이 공동으로 각본을 썼고, 두 배우는 이 영화로 최우수 각본상을 수상하였다.

사람과 사람이 만나다

먼저 주인공 윌과 숀 교수의 대화를 한번 보자.

윌 : 지난주에도 데이트를 했어요.
숀 : 어땠는데?
윌 : 좋았죠.
숀 : 또 만날 거야?

월:몰라요. 전화를 안 했거든요.

손:너 이제 보니 아마추어구나.

월:다 작전이에요.

손:풋! 어련하겠냐.

월:걱정 마세요. 알아서 잘하고 있으니까. 하여간 그 여자애는
정말 예쁘고 똑똑하고 재미있어요. 그동안 사귄 여자들하곤
달라요.

손:그럼 전화를 해야지.

월:왜요? 그러다 똑똑하지도 않고 재미도 없는 여자애란 것만
확인하라고요? 지금 그대로가 완벽하다고요. 좋은 이미지
망치고 싶지 않아요.

손:반대로 완벽한 너의 이미지를 망치기 싫어서겠지. 정말 대단
한 인생철학이야. 평생 그런 식으로 살면 아무도 진실되게
사귈 수 없어.

대학에서 청소부로 일하는 주인공 월 헌팅은 영화에서 천재로 묘
사된다. 학계에서도 풀지 못한 난해한 수학문제를 풀어낼 정도로 말
이다. 마치 MIT 학생들을 조롱하듯이. 그 문제를 푼 사건을 계기로
램보 교수와 인연이 되는데 램보 교수는 월 헌팅의 특별한 천재성에
주목한다.

월 헌팅은 그동안 저지른 일 때문에 법원에서 상담 명령을 받게 되는데 그러자 램보 교수는 보호자를 자처하며 여러 상담 전문가를 소개해준다. 그런데 말 그대로 천재인 월 헌팅은 심리상담 전문가들을 들었다 났다 하면서 상담을 교묘하게 거부하고 이 때문에 상담가들 모두 월의 상담을 포기하고 거절하기에 이른다. 그렇게 해서 월은 램보 교수의 오랜 친구인 숀 교수에게로 인계되는데….

위 대화에서처럼 월은 다른 사람의 완벽하지 않은 모습을 보는 것을 경계하고 무엇보다 자신의 치부를 들킬까 봐 마음을 숨기는 데 천재다. 어릴 적에 받은 학대와 상처로 사람들에게 진정으로 마음의 문을 여는 방법을 모르고 천부적인 재능을 가졌지만 자기 자신을 신뢰하지 못한다. 그렇기 때문에 다른 사람들을 신뢰하지 못해서 자신의 삶은 물론 인간관계 역시 특별하게 가꿔나가려고 하지 않는 모습을 보인다. 그러면서도 완벽하지 못한 사람들을 조롱하고 지적하고 난감하게 만들어 자신의 진실에 다가오는 것을 밀어내곤 한다. 여러 심리상담 전문가들이 포기하게 한 것처럼 숀 교수도 포기하도록 하려고 숀 교수에게는 아픈 이야기인 아내 이야기를 하는 등 갈등을 만들어낸다.

로빈 윌리엄스가 연기하는 숀 교수에게서 큰 감명을 받게 되는 장면이 여럿 있는데 그중 하나가 바로 이 갈등 단계에서 포기하지 않는 것이다. 다른 교수들과 심리치료사들은 도통 받을 준비가 되어 있지 않고 뾰족한 마음으로 밀어내려고만 하는 윌을 더 이상 만나려고 하지 않는다. 윌이 아프게 찔러대는 데다 태도가 불순해서 상담과 치료가 불가능하다고 생각한다.

혹시 이런 아이가 있을 때 여러분은 어떨 것 같은가? 우리는 이런 아이를 어떻게 인식할까? 참 많은 고민이 되는 순간일 것 같다.

숀 교수가 한 일은 '기다려주기'였던 듯하다. 그러면서 윌의 그런 모습을 보고 안타까워하고 겉으로 드러나는 유들유들하게 공격하는 모습과는 달리 내면은 작고 유약하다는 걸 눈치 챘다.

숀 교수는 조급하거나 성급하지 않게, 그리고 성큼성큼 다가가지 않으면서 윌과 친구가 되려고 노력한다. 상담자와 내담자로 만나는 것이 아니라 인생 선배 같은 관계가 되려고 한다. 숀이 선택한 방식은 자신의 취약한 점을 그대로 드러내는 것으로, 자신의 아내 이야기를 하기도 한다.

어쩌면 숀 교수는 아내가 병으로 세상을 뜬 그 아픔을 털어놓으며 누군가에게 자신의 아픔을 털어놓는 방법을 간접적으로 알려주려 한 것은 아닌가 싶다.

여기에서 한 가지 함께 주목하고 싶은 것이 있다. 바로 숀 교수의 상담 스타일이다. 방금 말한 것처럼 친구이자 인생 선배가 되려는 모습을 보이는데 이게 어떤 느낌이냐면 전문가가 아닌 것처럼 보인다. 윌을 향해 화가 나면 화를 내고, 산책을 나가자고도 하고, 실망했다고도 하고, 여자친구 얘기를 편하게 나누기도 하는 등 상담자와 내담자의 모습이라기보다는 사람 대 사람으로 만나는 모습을 보여준다. 상담 대상자를 상담 대상자로 보지 않고, 자기 자신을 상담 전문가로 보지 않는다. 그렇기에 윌 헌팅을 어느 특정한 심리상태나 증상으로 분류하지 않고 있는 그대로 그의 본질을 볼 수 있는 것이다. 상담자로 다가가지 않는 진정한 상담자. 상담자로 함께하는 것이 아니라 친구로 함께하는 엄청난 경지에 오른 고수의 모습이다.

한 사람을 어떻게 볼 것인가를 고민하는 것이 아니라 어떻게도 보지 않는 것, 이것이 진정으로 '한 사람'을 대하는 방법이 아닐까?

"네 잘못이 아니야"

손 교수와 윌 헌팅의 시간, 그러니까 어떤 결과를 빨리 보여주지 않고 윌의 불순한 태도를 수용하기만 하는 것 같은 과정을 지켜보던 램보 교수는 손 교수를 향해 화가 폭발한다. 천재 윌을 바라보는 시각과 성공시키고자 하는 방법이 서로 다르기 때문인데, 램보 교수는 수학 천재인 윌을 제대로 공부시켜서 크고 유망한 회사에 입사하도록 해 이른바 '성공'시키려고 한다. 그냥 놔두면 청소부 일이나 전전하며 살 것이기 때문에 천재를 천재답게 성공시키려고 윌을 위해 노력을 기울인다.

숀 교수는 윌이 사람들과 진실하게 만나는 법을 모르는 한, 성공해도 아무 의미가 없다고 말한다. 사람들이 윌을 밀어내기 전에 윌 자신이 먼저 사람들을 밀어내고 있는 거라며 성공을 향해 밀어붙여서 스스로를 실패자처럼 느끼게 놔두지 않을 거라고 윌을 변호한다.

윌 헌팅이라는 한 아이를 두고 팽팽하게 말다툼을 하는 대학 시절 친구인 두 교수의 모습은 아주 인상적이다. 왜냐하면 둘 모두 윌 헌팅을 극진히 사랑하고 살피고 있으며 '좋은' 길로 인도하기 위해 최선을 다하고 있으니까. 그렇지만 둘의 초점과 방향성은 서로 다르다.

윌을 사랑하는 마음과 성장시키고 싶은 마음은 둘 다 같은데, 램보 교수는 스스로가 자신을 몰아붙여서 이 자리에 올라온 것처럼 윌도 그렇게 만들어주려고 하고, 숀 교수는 인생에서 중요한 것은 어떤 일을 하고 어떤 자리에 있느냐가 아니라 사람들과, 그리고 자신의 내면과 연결될 줄 아는 진실한 마음을 갖는 것이라고 생각한다. 둘 모두 자신이 겪어온 삶을 바탕으로 윌을 이해하고 있는 것이다.

여기에서 이런 질문을 던지고 싶다. 과연 '진로'란 무엇인가? 청소년들, 아니 사실 많은 사람들이 인생에서 자신의 진로를 고민한다. 특히 청소년들에게는 진로가 더 강조되면서 흔히들 만나는 청소년마다 붙잡고 "꿈이 뭐야?"라고 묻고 그것을 얼른 결정하도록 유도한다. 그리고 그 결정을 함에 있어서 뭔가 딱 떨어지는 결과물, 즉 직업으로 말하기를 기대하는데 이것이 청소년 진로 안내의 아이러니라고 할 수 있다.

진로의 사전적 의미는 '앞으로 나아갈 길'인데, 이 의미에 따르면 진로는 아주 여러 가지다. 앞으로 어떤 경험을 해보고 싶은지, 어떤 일상을 살아가고 싶으며 일상에서 어떤 생각을 하고 살지, 어떤 사람으로 성장할지, 사람들과는 어떻게 관계맺기를 할 것인지, 자기 자신을 어떻게 생각하면서 살 것인지, 주로 어떤 말을 많이 하는 사람이 될 것인지 등 아주 많은 진로가 놓여 있다. 이 영화에서 보면 윌의 천재성을 알아본 램보 교수는 그 천재성을 지켜주고 그 천재성으로 뭔가를 이룰 수 있도록 지원하려고 하고, 숀 교수는 사람들을 밀어내며 스스로 외로움에 갇히는 윌의 마음을 활짝 열어 '사랑하며' 살 수 있도록 안내하고 싶어 한다.

내가 어른으로서 아이들에게 진로 안내를 할 수 있을까? 나는 그저 '나'라는 사례 하나만 알고 있고 게다가 그 사례마저도 완료된 것이 아니라 현재 진행형이기 때문에 진로에 대해 이렇게 하는 거야, 라고 객관화해서 말하기 어렵다. 어쩌면 우리가 할 수 있는 것은 숀 교수처럼 기다려주고 믿어주고, 그 아이를 사랑함으로써 사람을 사랑하는 방법을 보여주는 것밖에 없을지도 모르겠다.

그리고 또 한 가지 두 교수의 다른 점을 이야기하자면 윌을 바라보는 시선이 조금 다르다고 할 수 있다. 램보 교수는 자꾸 문제를 일으키고 멍청이 같은(램보 교수의 표현) 동네 친구들과 어울리면서 시간을 허비하는 윌 헌팅을 '구제'해주려고 하고, 숀 교수는 윌이 지니고 있는 본래의 좋은 마음을 회복시켜주는 것에 초점을 맞추고 있다.

숀 교수는 무엇보다 윌이 어릴 적에 받은 학대와 상처로 마음을 닫는 것에 초점을 두지 않았을까 싶다. 같은 일을 당한 동지로서 윌을 바라봤고 윌에게 가장 필요한 말을 건넨다.

"네 잘못이 아니야."

"네 잘못이 아니야."

"네 잘못이 아니야."

이 말로 겉으로만 알겠다고 하면서 도망가려고 하는 윌을 꽉 안아준다. 윌은 마침내 그 누구에게도 말할 수 없던 아픔을 울음으로 토해내면서 숀 교수의 품을 받아들인다.

숀 교수가 이야기한 "네 잘못이 아니야."라는 말의 의미는 무엇일까? 무엇에 대해서 잘못이 아니라고 말하는 것일까? 그리고 왜 그 말을 계속 반복했을까?

윌이 양아버지에게 학대를 받은 것, 사람들을 겁내고 밀어내는 것, 새로운 관계를 열어나가려고 시도하지 않고 안주하는 것, 모든 것을 망쳐버릴까 봐 자신의 마음을 열고 다가가기 겁나 하는 것, 이 모든 것이 네 잘못은 아니라고 말하는 것만 같다. 지금의 너를 만든 그 환경과 상처는 네가 스스로 만든 것이 아니라는 것을 분명하게 알려주고 싶어서 알아들을 때까지 반복한 것이 아닐까. 윌은 그 모든 것이 자신의 잘못이라는 생각에 자신에게 마음을 주는 누군가와 조금이라도 가까워지면 자신의 잘못이 드러날까 봐 두려웠던 것이다. 이 장면을 볼 때 어땠는가? 숀 교수가 윌에게뿐만 아니라 자기 자신에게 건네는 말처럼 느껴지진 않았는가? 숀 교수는 윌을 통해 아내가 죽고 마음의 문을 닫고 사는 자신을 발견했는지도 모르겠다.

숀 교수와 윌은 이렇게 서로에게 가장 '불완전한' 모습을 보이면서 서로를 가장 완전한 존재로 인정해주는 관계로 거듭나게 된다. 네 잘못이 아니라는 말을 되풀이하자 화를 내고 밀어내던 윌이 마침내 숀 교수의 품에 안겨 울음을 터트릴 때 관객들은 '그래, 그래, 괜찮아.' 하면서 안도의 마음을 갖게 된다. 어쩌면 관객들, 우리가 가장 듣고 싶은 말이 이 말인지도 모르겠다.

"네 잘못이 아니야."

제목이 왜 '굿(Good)' 윌 헌팅인가?

윌은 마지막 상담 이후 비로소 어느 회사에 취업하기로 결정한다. 파격적인 대우와 재능을 펼칠 수 있는 기회를 잡고 앞으로 나아가기로 결심한 것이다. 그런데 그 결정을 번복하고 마지막에는 더 나아가 아주 의외의 선택을 내리는데, 그 선택에 숀 교수는 아주 흡족해한다.

바로 헤어진 여자친구, 더 정확하게는 자신의 불완전한 모습을 들킬까 봐 밀어내고 상처줬던 여자친구가 있는 곳으로 가는 것. 절대 떠나지 않을 것 같던 마을과 친구들을 떠나 다른 곳으로 가면서 영화는 막을 내린다.

엔딩 크레디트가 올라갈 때 윌이 동네 친구들이 생일선물로 사준 차를 몰고 길고 시원하게 이어진 도로를 달리는 장면은 윌 헌팅의 선택이 윌 헌팅에게 무척 옳았음을 얘기해주고 있는 것만 같다.

영화 제목에 대한 이야기를 좀 더 나눠보자. 굿 윌 헌팅. 윌 헌팅은 주인공의 이름이다. 이름 앞에 왜 '굿(Good)'을 붙였을까? 그리고 그 의미는 무엇일까?

'굿'은 말 그대로 '좋은'이란 뜻이다. '굿 모닝' 하면 '좋은 아침'이란 뜻인 것처럼 말이다.

램보 교수와 숀 교수가 연구실에서 윌을 두고 충돌하는 장면 기억하는가? 그때 숀 교수가 하는 말 중에 이런 대사가 있다.

"그 앤 좋은 아이야. 네가 지금처럼 그 아이를 몰아대게 놔두지 않겠어."

숀 교수는 윌을 '좋은 아이'라고 말한다. 영화에서 보여주는 윌은 결코 좋은 아이라고 말할 수 없는 행동들을 많이 하는데 말이다. 친구들과 어울려 싸움을 걸고, 똑똑한 머리와 말로 사람들의 치부를 꿰뚫어보며 상처를 주고, 사랑을 간절하게 고백하는 여자친구를 하루아

★ 굿 윌 헌팅

침에 떠나는가 하면 숀 교수의 죽은 아내를 나쁘게 말하기도 한다.

그런데 숀 교수는 그 아이가 좋은 아이라고 말한다. 자신을 방어하고 보호하기 위해서 쳐놓은 단단한 벽을 보고 그 아이를 판단하는 것이 아니라 그 안에 들어 있는 겁 많고 작고 웅크린 그 아이의 마음을 들여다본다. 그러한 시각을 가졌기 때문에 숀 교수는 윌의 좋은 상담자가 될 수 있었을 것이고 윌의 좋은 모습을 겉으로 끄집어내줄 수 있었을 것이다.

숀 교수가 윌을 향해 보여준 마음의 핵심은 무엇이었을까? 믿음과 진실성 그리고 기다림이라고 정리할 수 있겠다. 겉으로 드러난 모습만 보고 너는 원래 그런 아이야, 라고 하는 것이 아니라 '넌 원래 그런 아이가 아니야. 더 나은 아이야. 나는 알고 있어. 너는 좋은 아이야.'라고 하는 믿음의 시선. 그리고 윌 앞에서 더 좋은 사람이려고 하지 않고 그저 있는 그대로의 자신의 모습을 보여주는 진실성과 윌이 준비가 될 때까지 기다려주는 마음.

윌은 자라면서 그런 경험을 하지 못했고 그런 어른을 본 적이 없다. 그래서 숀 교수의 모습이 낯설고 경계되면서도 마침내 온전히 마음을 열 수 있었을 것이다. 그리고 다른 사람을 향해서 마음을 연 경험은 이내 자기 자신에게도 작용하게 되는데, 이 작은 경험이 삶에 큰 영향을 끼친다.

많은 아이들이, 많은 사람들이 다른 사람을 향해 마음의 문을 닫고 있다. 누군가에게 온전히 마음을 열고, 있는 그대로 수용해본 경험이 없을 때 마음의 문을 여는 일은 겁나고 경계해야 할 일이 된다. 예전에 한 고등학생에게 이런 말을 들은 적이 있다. 자신은 초등학생 때에도 "너는 도대체 왜 그 모양이니?"라는 말을 들었고, 중학교에 들어가 새로운 마음으로 시작해보고 싶었는데 또 "너는 도대체 왜 그 모양이니?"라는 말을 듣게 됐고, 이제 고등학교 때에도 같은 말을 듣고 있다고. 그래서 자기는 그냥 이 모양이라고. 집단상담에서 털어놓은 그 이야기가 참 아프게 들렸다. 늘 들었던 말 말고 다른 말을 듣고 싶어 하는 마음이 강하게 전달되어 더욱 그랬다. 그 긴 세월이 있었기에 신뢰한다는 말이 단 한 번으로는 쉽게 믿어지지 않을 수 있다. 본인이 받아들이고 새로운 자아 이미지를 생성할 때까지 여러 번 반복해서 지속적으로 이야기해줘야 가능할 것이다. 숀 교수가 윌에게 "네 잘못이 아니야."를 본인이 받아들일 때까지 반복한 것처럼 말이다.

이 영화는 "문제가 있는 아이는 없다. 문제로 바라보는 시각만 있을 뿐."이라는 문장을 '굿(Good)'이라는 한 단어로 완벽하게 설명하고 있다. 그런 의미에서 마지막으로 여러분에게 이런 말을 건네고 싶다.

"당신은 정말 좋은 사람입니다."

두 배우 이야기

영화를 종합예술이라고 표현하는데 수많은 종류의 예술 분야를 한데 모아놓은 것이기 때문이다. 연기, 음악, 미술, 영상, 색감, 시나리오 등 모든 예술이 동원되어야 하나의 영화가 나온다. 이 종합예술에서 감독의 연출과 배우의 연기는 아주 중요한 요소라고 할 수 있다. 여러분 중에는 어떤 감독의 영화라서 혹은 어떤 배우가 나와서 그 영화를 선택한 경험이 있을 것이다.

그런 의미에서 영화 인문학에서 주로 다뤘던 영화 이야기를 넘어서 범위를 확장하여 영화를 만드는 사람들, 배우 이야기를 나눠볼까 한다.

영화보다 더 영화 같은 감독의 인생 이야기와 배우의 인생 이야기를 들어본 적이 있을 것이다. 예를 들면 세계적인 거장 스티븐 스필버그 감독은 17세 때 단체 견학으로 갔던 유니버설 스튜디오에서 자신의 꿈을 발견하고 그 다음날부터 바로 출근을 했다고 한다. 그냥 영화 촬영 현장을 쫓아다니며 질문하고 배우던 스필버그는 우연히 빈 사무실을 발견하고는 다른 직원들처럼 문 앞에 자신의 명패를 붙이고 생활을 하기 시작했고, 그 이후 사람들이 스필버그가 함께 일하는 동료인 줄 알고 감독이라고 부르기 시작했다는 이야기도 있다.

이처럼 영화보다 더 영화 같은, 인생의 여정 자체가 영화인 배우들이 있다. 아마 여러분도 각자 좋아하는 감독이나 배우들의 스토리를 알고 있을 것이다. 그리고 이 배우들의 이야기를 들어봤거나 지금 들어볼 준비가 되었을 것이라고 생각한다. 바로 앤디 서키스와 마크 러팔로다.

유명하지 않은 유명 배우, 앤디 서키스

앤디 서키스는 많은 사람들에게 이름이 낯선 유명배우다. 이름이 낯선데 유명배우라니 아이러니한 말인데 말 그대로 많은 사람들이 앤디 서키스라는 이름을 들으면 "잘 모르겠는데, 들어본 것도 같고 얼굴이 잘 안 떠오르네." 등의 반응을 보인다. 그런데 골룸, 시저, 킹콩을 얘기하면 "아, 정말?" 하면서 놀라곤 한다. 그렇다. 앤디 서키스는

〈반지의 제왕〉시리즈에서 아주 독특한 캐릭터인 골룸 역을 맡아서 열연한 배우다. "마이 프레셔스" 목소리가 음성변조한 것이라고 생각하거나 캐릭터 자체가 컴퓨터그래픽으로 만들어진 가상이라고 추측하는 경우가 많은데 앤디 서키스가 모션 캡처로 모두 연기해서 탄생한 캐릭터다.

모션 캡처는 몸에 센서를 부착하거나 적외선을 이용해 인체의 움직임을 디지털 형태로 기록하는 작업인데 그러기 위해서는 이 움직임을 연기하는 배우가 있어야 한다. 그런데 이때 단순히 움직임만 연기하면 되는 것이 아니라 감정표현을 잘 전달하기 위해서 얼굴표정, 눈빛 등이 아주 중요하고, 그냥 연기보다 더 섬세하게 해야 자연스럽게 표현된다고 한다.

앤디 서키스는 자신이 배우로서 얼굴과 이름을 알리지 못하는 것이 늘 아쉬웠겠고 연극무대부터 쌓아온 오랜 연기 경력을 얼른 인정받고 싶었을 것이다. 골룸을 통해 이름은 알려졌지만 얼굴이 알려진 배우가 아니다 보니 그 이후에 계속 작은 배역들만 들어온다.

작은 배역 아니면 모션 캡처 배역이 자꾸 들어올 때 고민이 많았을 것이다. 〈혹성탈출〉과 〈킹콩〉에서의 역할 등 배우로서 자신의 얼굴을 드러내지 않고 연기하는 게 배우의 길이 맞는 걸까 하는 고민도 되었을 것이다.

이럴 때 우리가 앤디 서키스라면 어떤 결정을 했을까? 모션 캡처 전문배우로 이미지가 굳어질까 봐 조바심이 나지는 않았을까?

아마 이런 고민들이 앤디 서키스에게도 있었던 것 같다. 배역을 결정하기까지 많은 시간이 걸린 것을 보면 말이다. 하지만 앤디는 결정을 하고 나서는 배역 연구를 위해 많은 시간을 들이고 노력을 기울여 습성, 동작, 음성까지 연구해 캐릭터를 완성시킨다.

그래서 자신의 본모습으로 연기를 한 것이 아니라 가상의 캐릭터를 모션 캡처로 연기한 것이라 해도 앤디 서키스에게 아카데미 상을 안겨야 한다는 여론까지 조성되어 실제 국제영화제 시상식에서 비르투오소 상을 받게 된다. '비르투오소'는 예술이나 도덕에 상당히 특별한 지식을 가진 사람 혹은 예술의 기교가 뛰어난 사람이라는 뜻이다.

현재 앤디 서키스는 모션 캡처 전문배우로서는 일인자로 인정받고 있고 많은 감독들이 영화 제작 전에 앤디 서키스의 조언을 받는다고 한다. 앤디 서키스의 이름 앞에는 모션 캡처의 제왕이라는 수식어가 붙는다. 하지만 본인은 항상 같은 연기일 뿐이고 가장 중요한 것은 자신이 연기를 하고 있다는 것이라고 말한다.

우리가 '진로'라고 할 때 이 '앞으로 나아갈 길'이 한 가지 혹은 두세 가지일 것 같지만 실제로는 수많은 길이 있다. 과연 "내가 걸어갈 길은 이 중에서 무엇인가?" 하는 것은 어떻게 결정되는 것일까? 이것은 결국 선택의 문제이기도 하고 선택한 그 길을 어떻게 걸어가느냐에 달려 있기도 하다.

배우이기에 얼굴이 더 많이 알려지고 인정받는 것이 중요하지만 자신만의 특별한 분야에 몰입하여 자신의 길을 찾아낸 앤디 서키스의 이야기는 많은 생각을 하게 해준다.

연기를 하는 것이 꿈이었던 한 사람이 배우 생활을 하면서 '유명해지는 것'으로 꿈이 변형되기도 한다. 이 변형이 나의 진정한 꿈이 아닐 수도 있다. 진정한 꿈은 언제나 연기를 하는 것이기에 연기를 할 수 있다면 꿈에 도달한 것이라고 말할 수 있다. 유명해지는 것은 연기를 하다 보면 따라오는 건데 당장 유명해지고 이름을 알리는 것, 본질에서 벗어난 목표를 갖게 되면 더 좌절하기도 쉽다.

나의 진정한 꿈은 무엇인가? 그리고 그 꿈을 위해 어떤 길을 걸어갈까? 그리고 그 길은 얼마나 다양한가? 이런 점들을 스스로 생각할 수 있는 힘이 중요하다.

'러팔로화된다'의 주인공, 마크 러팔로

이제 마크 러팔로 이야기로 넘어가보자. 마크 러팔로는 정말 많은 한국 팬을 아니 전 세계 팬을 보유하고 있다. 유명한 헐크 역을 맡았기 때문이기도 하지만 많은 이들이 그의 연기력을 아주 우수하게 생각하기 때문이다.

마크 러팔로의 인생 스토리 키워드는 800번의 오디션, 뇌종양, 환경운동 등이다. 너무 평범하게 생겨서 오디션에서 800번 낙방하고, 그럼에도 계속 시도해 연극계에서 연기력을 인정받게 되는데 공교롭게도 뇌종양에 걸리고 배우에게는 치명적인 안면마비가 오게 된다. 일년의 재활 끝에 오히려 표정연기의 달인이 된 마크 러팔로는 개념 있는 정치 발언을 하고 사회적 약자 편에 서서 캠페인을 벌이기도 한다.

마크 러팔로는 인생달관자라는 별명을 가지고 있는데 특히 오디션에서 어마어마하게 낙방한 경험이 사소한 것에 달관하고 중요한 것에 힘을 싣는 내면을 가져다주지 않았을까 한다.

이 배우의 인생 여정을 보며 나누고 싶은 인문학적 질문은 '끝까지 하는 힘'에 대한 것이다. 과연 끝까지 하는 힘은 어디까지 도달하게 할까? 그리고 그 도달이 꼭 목표한 것을 이루는 것에만 있을까? 지금 마크 러팔로가 누리고 있는 인기와 유명세는 단지 끝까지 포기하지 않았기 때문에 얻어진 것일까?

분명 포기하지 않고 지속하는 그 과정 속에서 치열한 고민과 내면 성찰이 있었을 거라고 짐작된다. '내가 지금 뭐 하고 있지?'를 수천 번 수만 번 되뇌었을 것이고, 순간순간이 힘들어 다른 대안도 많이 떠올렸을 것이다. 800번의 오디션을 보는 동안 바텐더, 도어맨, 요리사, 잡역부 등의 일을 했다고 하는데 그 일들에서 인정도 받고 정도 들고 그냥 이 일에 안주할까 하는 고민도 되었을 거라고 생각한다. 키가 별로 크지 않고 너무 평범하게 생겼다는 피드백을 받으면 이 길이 내

길이 아닌가 보다 하고 좌절과 포기로 이어지기도 했을 것이다. 그러나 그럼에도 '자신이 가장 하고 싶은 것'에 몰입했을 것이고 그 시간 동안 단단한 내면의 중심이 생겼을 것이라고 본다. 그래서 끝까지 하는 힘은 목표에 도달하는 힘도 주지만 목표에 도달하는 동안의 힘과 도달한 뒤 더 중심을 가지고 임할 수 있는 내면의 힘을 길러준다.

어쩌면 안면마비의 경험 덕분에 얼굴 근육 쓰는 것을 더 세심하게 알아차리며 연기에 임할 수 있게 된 것일지도 모르겠다. 마크 러팔로는 표정 연기와 눈빛 연기가 압권이라는 평을 받고 있으니 말이다.

마크 러팔로는 배우들이 좋아하는 배우로도 유명하다. 열성적인 환경운동가이자 여성 인권을 지키는 페미니스트로도 유명한데 〈어벤져스2〉 개봉을 앞두고 블랙 위도우 역할의 스칼렛 요한슨에게 하는 질문이 얼마나 성차별적인지를 보여주기 위해서 자신에게 해당되는 질문과 스칼렛 요한슨에게 해당되는 질문을 바꿔서 대답한 사례로도 확인할 수 있다. 남자 배우들에게는 어떻게 캐릭터를 발전시켰으며 영화에서 어떤 스턴트를 했는지 등을 질문하는 데 반해 여자 배우들에게는 레드 카펫에서 입을 옷과 다이어트와 메이크업 등을 질문하는 것에 경각심을 주는 역할을 한 것이다.

배우 마크 러팔로의 인생 여정은 마치 인생역전의 연속을 보여주는 듯하다. 긴 낙방 끝에 연극 무대로 찬사를 받기 시작하자 뇌종양에 걸려 안면마비를 겪고, 재활치료를 통해 다시 연기를 시작할 수 있게 되자 자신에게 든든한 지지자였던 동생을 총기사고로 잃고 삶의 의욕을 다시 잃게 된다. 이후 동생을 떠올리게 하는 배역을 맡게 되면서 긴 나락에서 벗어나 〈어벤져스〉의 헐크 역과 〈비긴 어게인〉의 댄 역을 통해 훌륭한 연기를 보여주면서 현재에 이르게 되는데 이 모든 과정이 그러하다.

인생역전이란 무엇일까? 마크 러팔로의 이야기를 접하면서 결코 이것이 사건과 사고로만 표현될 수 없음을 알게 된다. 또한 갑작스러운 행운으로만 설명할 수도 없다. 절대. 그는 한 순간의 행운으로 도약한 것이 아니기 때문이다.

인생역전이란 갑작스러운 기적을 만나는 것이 아니라 그 기적을 만들어갈 단단한 내면의 힘을 갖는 것이 아닐까. 그래서 조금 바꿔 말하자면 인생역전이 아니라 인생주행이라고 할 수 있겠다.

영화의 내용뿐만 아니라 그 영화를 완성하는 사람들의 이야기는 깊은 울림을 준다. 영화는 사람의 삶을 모방해서 만든 예술이기에 그 모티브가 되는 실제 사람들이 주는 감동이 더 크게 다가오기도 한다. 그리고 삶의 모습뿐만 아니라 그 사람의 인생철학은 더욱 큰 영향력을 발휘한다.

우리는 우리 자신과 꿈과 인생과 사람을 향해 진심을 가지고 있는가? 그리고 어떤 철학으로 그것들을 만나가고 있는가? 한번쯤 점검해보기 바란다.

영화가 묻고 내가 답하는 영화 인문학 질문법

영화가 나에게 하는 질문들

ⓒ 원은정, 2017

1판1쇄 발행 2017년 12월 27일 **1판4쇄 발행** 2020년 10월 27일

지은이 원은정 **디자인** 이미정

펴낸이 전광철 **펴낸곳** 협동조합 착한책가게

주소 서울시 은평구 통일로 684 1동 3C033

등록 제2015-000038호(2015년 1월 30일)

전화 02) 322-3238 **팩스** 02) 6499-8485

이메일 bonaliber@gmail.com

ISBN 979-11-962410-0-1   03370

* 책값은 뒤표지에 있습니다.

* 잘못된 책은 구입하신 서점에서 바꾸어 드립니다.

이 도서의 국립중앙도서관 출판예정도서목록(CIP)은 서지정보유통지원시스템 홈페이지(http://seoji.
nl.go.kr)와 국가자료공동목록시스템(http://www.nl.go.kr/kolisnet)에서 이용하실 수 있습니다.
(CIP제어번호:CIP2017033336)